我就想陪你慢慢长大

慢慢长大

父母陪伴孩子的
秘密手记

张贵勇———

著

长江出版传媒

长江文艺出版社

图书在版编目（ＣＩＰ）数据

我就想陪你慢慢长大 / 张贵勇著. -- 武汉 ：长江
文艺出版社， 2021.2（2021.11 重印）
　（大教育书系）
　ISBN 978-7-5702-1951-3

Ⅰ. ①我… Ⅱ. ①张… Ⅲ. ①家庭教育 Ⅳ. ①G78

中国版本图书馆 CIP 数据核字(2020)第 241561 号

责任编辑：秦文苑　　　　　　　　　　责任校对：毛　娟
装帧设计：柒拾叁号　　　　　　　　　责任印制：邱　莉　　王光兴

出版：长江出版传媒　长江文艺出版社
地址：武汉市雄楚大街 268 号　　　邮编：430070
发行：长江文艺出版社
http://www.cjlap.com
印刷：湖北新华印务有限公司

开本：720 毫米×1000 毫米　　1/16　印张：13.5　　插页：11 页
版次：2021 年 2 月第 1 版　　　　2021 年 11 月第 2 次印刷
字数：182 千字

定价：42.00 元

自序

有生之年，一心陪伴

哲哲还小的时候，轻盈、瘦小、纯真，浑身的机灵，一脸的灿烂，快乐止不住地从眼里流淌出来。上下学的路上，他爱和我聊他喜欢的小动物和各种好玩的话题，以至于我总是恍惚两公里的距离为什么那么容易走完。在家里，他爱搞怪地弄一些新发明、新实验，爱和我聊他的新感受、新发现，我的所有业余时间几乎都被他填满。

那时候，他常让我拉着他的手，"不让爸爸走丢了"；他爱骑在我的脖子上，想换个角度看世界；他会给我讲一只蝴蝶与一只蛾子的区别；他总把各种玩具摆在身边，"让它们也听听爸爸讲的好听的故事"；他还会用一双小拳头给我捶背，因为"斗牛时爸爸很辛苦"……这些点滴的亲子互动，为我的生活增添了无数欢乐，让我窥见一个极其独特而有趣的灵魂。因为哲哲，我甚至重新给幸福下了一个定义：所谓幸福，就是深深地沉醉在当下，并格外地期待明天。

那是多么一段美好的时光啊！我庆幸没有错过孩子的童年，抓住了生命中最重要的东西，自认为把最好的年华嵌在哲哲长大的一天天里，是我所做的最明智的选择。

转眼间，哲哲长成了翩翩少年。现在的他，高大、结实、稳重、淡然，举手投足透着成熟。他有了新的朋友、新的爱好和秘密，有了让我刮目相看的思维和能力。

虽然不再像儿时那般亲昵，但不变的是父子情，他对我依然信赖，仍然睡前跟我道声晚安，闲暇时我和说说动漫、老师或同学的段子；我还是喜欢和他聊天，听他天南海北地说这儿说那儿……如果这个世界有魔法，我和多数父母一样，祈祷着时光慢下来，最好能像永无岛上的孩子们，永远停驻在那个纯真年代。

可惜，魔法不存在，时光留不住，但不管怎样，一心一意的陪伴，珍视每一次团聚，认真对待每一次互动，就是让亲子之间紧密联结，让平淡变成永恒。这种珍视与互动，往往也能给父母以惊喜，帮助我们升级蜕变。实际上，陪着哲哲逐渐长大，我感觉每一天都是闪闪发光的。从哲哲和哲哲妈的反馈中，我看到一个变化的自己；在与哲哲互动的过程中，我慢慢找到当爸爸的感觉，尝到了教育的甜头，知道了怎样与孩子沟通，怎样帮助他以及自己如何信心满满地走向未来。

我记录下哲哲的话语与行动，将他童年的生活变成文字，不只是难以抑制内心的感动，不只是为了将之作为一份童年礼物，还有一点私心，那就是我希望自己老了的那一天，回忆往事时有所依，而不是空空如也；我也希望更多的父母能抓住和孩子共同成长的关键期，全身心地参与孩子的成长，即走进孩子的内心深处，做他们心目中的好伙伴、真朋友、大英雄，一起品味生活的深意、生命的终极目的，去践行好的家庭教育。

何为好的家庭教育？我的答案是亲子之间的无间，有着一想起来就会心一笑的回忆；是孩子即使到了青春期，还愿意跟父母好好说话，吐露心声；是孩子不管走到哪里，都知道父母会始终关注、支持自己；是无论孩子多大，都把父母当作值得信赖的心灵依靠，把家当作最渴望停留的地方。家庭教育，在形式上是血脉传承，家人始终在一起，内里则是价值观的影响，是爱的延续。这种爱，体现在每一天暖心的陪伴中，在坦诚以待的沟通里。所谓亲子一场，其实就是父母与孩子一心为伴、携手同行，彼此感恩、互相成就。所谓有意义的人生，固然包括事业成功、为社会多做贡献，但更多的还在于始终有爱在心中涌动，有幸福在家里萦绕，有希望向未来延展。

我难忘哲哲给我讲的每一件小事，更无悔将大把的时间花在带他游玩、给他阅读上。我知道，再有几年，哲哲就要上大学，远走高飞，追求自己的诗与远方。生有尽，爱无涯，作为父母的最大欣慰，抑或为人父母的爱之宣言，也许就蕴藏着那句平平常常的承诺中——我就想陪你慢慢长大。

我陪你长大，你陪我变老。当孩子还小，珍惜时光，一心陪伴；当孩子长大，衷心祝福，任之高飞。父子一场也好，母女一场也好，说到底是一种缘分、一场旅程。愿所有的父母与孩子珍惜这份缘，认真对待这段旅程；愿所有的父母与孩子相亲相爱，忆起彼此，都是满满的美好记忆。

是为序。

目 录
CONTENTS

第一篇
理解孩子的世界

为什么呢

宇宙有边吗

哲哲上幼儿园时，对什么事情都好奇，经常抛给我几个为什么。

一天跑步回来，许是跑兴奋了，哲哲一口气抛出好几个追问："爸爸，你说为什么蝙蝠倒着睡觉？刚才在学校跑道上看到的虫子是什么虫？为什么宇宙是无边无际的？即使是宇宙大爆炸，也不会炸到没有边际吧……"我回答不出来，和他一起上网查资料。慢慢地，我也学到了不少知识。

孩子天生爱提问，是因为他们在开动脑筋。在他们对事物充满好奇的时候，我们要呵护好那颗好奇心，最好和他们一起寻求答案，解答他们心中的为什么。当"为什么"越来越多，孩子就走上了探究之路，距离小专家也就不远了。

都被我拆了

第二天晚上，我想写点东西，一看笔筒里的签字笔一支都没有了。

问哲哲："你看到我的笔了吗？"他怯怯地告诉我："都被我拆了。"然后，从抽屉里拿出一个个小零件，"有个弹簧在床底下，我够不着。"一时恼怒，很想批评这个破坏分子。但最终还是没有发作，这样做也许和那个斥责女儿将蚯蚓剪成两段做研究的母亲一样，扼杀了一个未来的科学天才。

转而，我温和地提出要求：拆笔可以，但最后要恢复原状。如果装不上，爸爸和你一起装。小家伙很高兴把东西都拿出来，然后爬到床底下，费了半天劲找出小弹簧，说："爸爸，那我们现在就开始组装吧。"

在发火或斥责孩子之前，父母们不妨先静一静，观念一转天地宽。

外国女生为什么不戴胸罩

到了周末，我忙着补觉，过去一周有点累。

哲哲妈带哲哲去了中华民族园玩。下午，他们回来了，看上去很高兴。讲完参观感受，哲哲开始画他的《海贼王》。这时，哲哲妈走过来，很神秘地低声告诉我："你知道吗，你儿子今天问了我一个问题。""什么问题？""他问，妈妈，你说外国女生为什么不戴胸罩？""那你怎么回答的？""我哪知道啊，打个岔就过去了。"

要是我，可能正面回答，外国在文化上相对开放一点，从小就崇尚自由自在，并加上一句："宝贝儿，要不哪天咱俩也裸奔一次？"我甚至都能想象出小家伙的反应，"你自己裸奔吧，我给你拍照。"

是怀孕套吧

没多久，带哲哲去超市购物。

哲哲要买一条小蛇。在一大堆玩偶蛇面前，他选了一只最小的，因为"小的才可爱"。结账的时候，哲哲指着收银台附近的安全套，问我："爸爸，这是什么？"在长长的队伍里，我有点脸红，硬着头皮说："这是大人用的东西。"

"爸爸，这是怀孕套吧？"原来这小子知道一点儿眉目，我笑话他："不对，是避孕套，也叫安全套。"本以为他还会追问怎么使用，没想到他转移了话题："爸爸，你看，口香糖，你喜欢的益达，买一瓶吧！"他模仿广告里的广告词，很逗趣。我毫不犹豫地买了一盒，感谢益达让我摆脱尴尬，同时也纳闷，他从哪知道的怀孕套呢？

鞭子能甩那么响吗

从超市出来，听到几声脆响，一看原来是有人在甩鞭子。

告诉哲哲，早些年老家过年的时候，有的人家比较穷，就甩鞭子制造出巨大的声响，以自己的方式迎接新年。哲哲听了很好奇，问我："爸爸，你说鞭子为什么甩那么响？"告诉他，普通的绳子确实甩不出巨大的声响，但加了鞭鞘就可以。

"鞭鞘是什么东西？"哲哲问。我知道他没见过，所以不能理解。于是，回到家我找来一根长木棍，系上一根绳，特意做了一个鞭子，甩起来确实不够响。我又抽了一根皮质的鞋带，绑在鞭子的末端，让他倾听两次甩起来的声音不同。带鞭鞘的鞭子甩起来果然山响，声音也更脆。

小家伙很高兴，也跃跃欲试，小区院里劈啪啪地荡起响亮的回声。

超有想象力

那片云像什么

当孩子还小的时候，总是有着无边的想象力。刚上小学一年级时，一个周末，秋高气爽，万里无云，我带哲哲骑车出去玩。

看着一个条状的云朵，哲哲问我："爸爸，你说那片云像什么？""嗯，有点像一把尺子。""切——"哲哲不屑，"一点儿也不像尺子。""那你说它像什么？""它啊，像一条刚出锅的带鱼。""爸爸，那朵呢，你说像什么？""圆圆的，有点像篮球吧。""不对，像一个劲脆鸡腿堡。"

指着另一片白白的云，小家伙再问我："爸爸，你看那边有个椭圆形的，像什么呢？"明白了哲哲的心思，回答："像肉松面包。"这次得到哲哲的表扬："爸爸，你说对了，真厉害，你真聪明。"

像上了天一样

美景之下，心情很好，骑车逆行一段，带他爬上中国儿童中心附近的天桥。那是一条很长的斜坡，骑着虽然有点累，但可以上去。到了天桥上，脚下车来车往，还有儿童中心内尽收眼底的低矮建筑。

夕阳斜照，一切都染上了金黄色。哲哲高呼："太爽了，爸爸，你真厉害，我感觉就像上了天一样。"四周景色真的很美，我也有一种云中漫步的感觉。

下了天桥，哲哲考我一个谜语："爸爸，你说什么东西前面是白色的，后面是

假如能和哲哲时光互换

记得自己小时候也喜欢倒着坐车，看着碧绿的农田慢慢地被甩在身后,感觉确实好。突发奇想，假如能和哲哲时光互换，我是孩子，他是爸爸，那该是怎样的情景呢?

红色的，还跑得很快。"想了好一会儿，不得要领。最后他告诉我答案："是汽车啊，你没看天桥下面左边是汽车开来的方向，一片白白的光，右边是红红的光，那是车屁股的颜色。"

还是孩子有想象力，连出谜语都能现学现卖。

从前啊，有一个科学家

转而周一上学，学校老师让每个孩子讲一个科学家的故事，限时 3 分钟，目的是为了锻炼孩子们的口语表达能力，同时让这些祖国的花朵爱上科学。

教哲哲一个大科学家爱因斯坦的笑话：有一天，爱因斯坦的办公室接到一个电话，说找爱因斯坦。接电话的老师说他不在。电话里又说，那你知道爱因斯坦家住哪吗？老师说这是秘密，不能告诉你。这时，对方压低声音：其实，我就是爱因斯坦，我找不到回家的路了。

哲哲没觉得这个故事有多好笑，说："我给你讲一个科学家的故事吧！"咦，小家伙也知道科学家的故事？只听他娓娓道来："从前啊，有一个科学家，会配置各种神奇的药水。对了，他还有一只猫……"一只猫？这不是格格巫吗？没有打断，静听下去，果然是创编版的蓝精灵故事。如果老师和小朋友们听到了，应该能给点个赞吧！

还想发明一个空气净化器

鉴于哲哲对科学比较感兴趣，一天放学路上，特意带他穿过一座公园，让他好好观察一下大自然里的科学现象。

彼时正是秋高气爽，公园里小河流水，百花争艳。哲哲突然问我："爸爸，你说小河里的水为什么反光呢？""这个嘛，镜面反射呗。""什么是镜面反射？""这个我也不太清楚，得上网查查。"

过了一会儿，他又喃喃自语："爸爸，我想发明一个东西？""发明什么啊？""我想发明一个河水净化器，只要撒上一些东西，河水就变得特别干净。"这个发明很有价值，现在全国很多小河要么干涸，要么被污染，必须尽快有所行动。刚想表扬他，他接着说："爸爸，我还想发明一个空气净化器，你看北京最近的雾霾多严重，只要一开动空气净化器，就能吸收所有的雾霾，你觉得怎么样？""嗯，真棒，你真要发明这样的东西，全国人民都得感谢你。"

即便不发明这样的机器，如果所有人都像哲哲这般有爱心，自然生态也会变得越来越好。再往深处想，如果这个净化器真的发明出来了，估计离提倡的"看得见水，望得见山，记得住乡愁"也就不远了。

一加一等于三

头发帘不好看

上了小学后，哲哲在镜子前停留的时间明显变长，还时不时用梳子沾点儿水，让自己"酷酷的"。

见他头发长了，哲哲妈带他去理发。理发之前，小家伙郑重叮嘱小师傅："哥哥，你别把我的头发剪得太短，前面要留长一点儿。"结果，头发帘还是没他想象得那么长。他不高兴了，给出差的我打电话，说头发理得不好看，有点伤心。

我回到家，问哲哲："同学对你的发型说什么了吗？"他告诉我："没有说好看的，也没有说不好看的，就是戴戴同学说不如以前看着顺眼了。"戴戴是哲哲比较喜欢或者说比较在意的同学，她的意见应该是点到了哲哲的痛处。

想起自己也有过类似的经历，因为理了一个锅盖头，像《阿呆拜寿》里刘青云的扮相，不敢去上学。不过，那时我都 12 岁上初一了，而哲哲这么小就爱美，是不是这一代都早熟？

女厕所是什么样的

接着，他向我播报班级新闻："爸爸，我们班的涵涵同学今天进了男厕所。""啊，涵涵不是女生吗，怎么进男厕所了？""其实啊，我也很好奇女厕所是什么样子的！"哲哲的表情很淡定。

"那你去女厕所看过吗？""没有！"我逗他玩："真的没有？"哲哲嘿嘿一笑："我

只看了一眼。爸爸，我发现女厕所没有小便的地方，我猜啊，她们一定是尿在地上！"

性教育专家胡萍说过，孩子对异性以及跟异性有关的一切感到好奇，不是坏事，更不必大惊小怪，只要引导孩子有一个科学的性观念、正向的性道德，就是最好的性教育。

一加一等于三

睡前，哲哲兴致不减，给我出了一道题："爸爸，你说一加一等于几？"

一想，肯定是在考验我的智力。告诉他，有很多答案，可以等于二，也可以等于王，也可以等于三。他追加一句："爸爸，那你说在什么情况下等于三？"拿出小品里赵本山的口吻："当然是在算错的情况下！""爸爸，你说得不对，一个男人加一个女人就等于三。"

这个答案让我一惊，都说别看孩子小，心里想得可不少。问他从哪里得到的这个答案，告诉我"我们班同学都知道"。

害羞的斑马

接着，他又给我出了一道题："爸爸，这个你一定猜不出来。""说吧，只管讲来。""什么动物是红色的黑色的还有白色的？"想了几分钟，没想出答案，"是鹦鹉吗？""不对，鹦鹉一般都是彩色的，你再想想。"憋了半天，最后蒙了一个答案："是头破血流的斑马。""还是不对。""那是什么？""哎呀，是害羞的斑马。"

突然发现，我的想法过于暴力，而哲哲却那样纯真。在纯真的童心面前，我一如谜底的那只斑马，羞得脸红了。

幸福很简单

不知羞

出完了题，哲哲淡淡地道："爸爸，我们班山山同学真够淘气的，总是追着做眼保健操的大姐姐。""怎么追啊？""就是每次眼保健操时，有一个六年级的大姐姐来我们班做示范。山山同学喜欢上了她，总是缠着让她跟自己玩，真是不知羞。"

"嗯，是不太对。你们班还有什么好玩的事吗？""有啊，凡凡同学总跟我要牛肉干。""哦，对了，你就没有什么羞事？"听我这一问，哲哲歪着脑袋，专心致志地想。不一会儿，告诉我："有一件，就是啊，一次上课，我摸了摸桌洞，你猜怎么着，我摸到了一块糖，趁老师没注意，我就把糖放嘴里了，还挺香的。"

"不至于吧，一块糖让你这么高兴？""你不知道，上课时吃糖跟在家吃糖，感觉不一样。"看哲哲洋洋得意的表情，好像捡了一个天大的便宜。想鄙视他，转念一想，对孩子而言，幸福也许就包在那一张彩色的糖纸里。

我很幸福

出完题，正巧电视里播放一条"有时间多陪陪孩子"的公益广告：一个小女孩得了一张奖状，等爸爸回来把好消息告诉他。但左等右等都不是爸爸，最后伤心地睡了。睡梦中，小女孩露出了笑容，她终于等到了爸爸。

哲哲看后，一声长叹："哎，这个小孩子一直等不到爸爸，真可怜。"转而，又说："爸爸，你天天陪着我，我很幸福。"我摸了摸哲哲圆圆的脑袋瓜，告诉他："跟你在一起，我也很幸福。"

孩子所要的幸福很简单，我们别让幸福只在孩子的梦中实现吧。

生活真是太美好了

哲哲很期待星期一，因为这一天有他最喜欢的绘画课。上次他画的怪兽就在全班展览了，还张贴到了学校的橱窗里，"老师说这是她看过画得最有想象力的怪兽。"哲哲更期待 5 月 5 日。这一天除了是星期一，还是日本的男孩节、海贼王路飞的生日。

2012 年的这一天，他是这么计划的：放学后，爸爸去接他，然后再一起去必胜客。他要点一份最爱吃的培根土豆浓汤、一份夏威夷风光披萨，顺便在那里把作业写完。然后回家，爸爸陪看最新一集的《海贼王》，晚上给他讲两集《野兽帮》。说完自己的计划，哲哲眼睛放光，说："生活真是太美好了。"

这一天的确是这么过的。晚上睡觉前，哲哲把他画的路飞大战多弗朗明戈给我看，动感很强，透出浓浓的杀气。我将之贴上书桌前，致敬这个有趣的男孩。

玩点新花样

倒着坐车

每天骑电动车接送哲哲上学放学时，他都是雄赳赳地站着。某一天，他想来点新花样。

到了无人的安全路段，开始是他坐在鞍座上，我坐在后座，他掌舵，我驾驶，因为这样"很刺激"。尽管有点冒险，但看着他渴求的眼神，一心软就答应了。再后来是我骑车，哲哲倒着坐在后座上，说有两个好处，一来避风，二来适合看风景。

记得自己小时候也喜欢倒着坐车，看着碧绿的农田慢慢地被甩在身后，感觉确实好。突发奇想，假如能和哲哲时光互换，我是孩子，他是爸爸，那该是怎样的情景呢？

我发明的雪糕

到了家，哲哲一头钻进厨房捣鼓起来，约莫半小时后，凑到我跟前："爸爸，来尝尝我发明的雪糕。"我纳闷这小子何时成厨师了。

只见他拉开冰箱，从冷冻层里拿出冻冰块的盒子，里面满是乳白色的奶酪一样的东西。原来他把酸枣奶冰冻起来，美其名曰超级美味、非常好吃、吃了还想吃的雪糕。

拿出一颗，放在嘴里，凉凉的、酸酸的，还有一点儿甜，看来小家伙已经从爱吃雪糕升级为雪糕师傅了。

我都佩服我自己

吃完晚饭，哲哲妈带哲哲去外面锻炼。

晚上九点钟左右，哲哲满头大汗地跑回家，大喊着："爸爸，我都佩服自己。""你做了什么伟大的事情，这么兴奋？""我啊，一个人从外面骑车回来的，我一路狂奔，还自己把小车搬到了三楼，厉害吧！""嗯，真厉害，不过你一个人多危险啊！""没事，我看着红绿灯呢，而且是跟着一群人过马路，不是一个人的。"

不一会儿，哲哲妈回来了，一副火山爆发的样子："我的话他一点儿也不听，让他等等我，他可好，一个人跑回来了！"

这个年龄段的孩子偶尔想摆脱父母的控制，喜欢探索世界，挑战权威，更愿意检验自己的能力，用自己的力量去感悟外力——这也是成长的一部分吧。

变装小侠士

被批评也没影响心情，哲哲躲在角落里开始研制武器。

拆拆装装之后，看到哲哲可谓武装到了牙齿：装饼干的塑料盒被抠出两个正方形，当作护目镜，胳膊上左边绑着尖叫瓶子，右边拿着一把自制机关枪，虽然都是改装，但那神气十足的架势，像极了《终结者》里的施瓦辛格。

展示完之后，小家伙奔跑着朝我冲过来，又是斜砍，又是喷水，叮叮当当搞得整个房间里乱七八糟。跟他疯闹了好久，又询问各个装备的功能，哲哲都很细心地讲给我听。还别说，他的很多设计很有创意。

我之所以陪着他疯闹，是因为感觉每个孩子都有一个侠士梦，都曾经是塞万提斯笔下的堂吉诃德，有与风车作战的冲动，有把旅店当城堡的幻想，也有拯救全世界的决绝，而我愿做陪伴其左右的桑丘，见证他一个英雄的诞生。

烂漫童想

奥特曼控

哲哲上幼儿园大班，也就是 2010 年时，疯狂地喜欢奥特曼。

他的玩具、衣服、书包，只要有奥特曼的图案，就非常喜欢。买鞋子时，点名要买奥特曼鞋。戏仿孔二狗那句"每个男人心中都有一座断背山"，在 QQ 签名档里写上"每个男孩生命里都有一个奥特曼"。

一天，给哲哲买了有奥特曼图案的新鞋，会发光的那种。小家伙乐得嘴都变形了，走路时明显顺拐。看他搞笑的样子，哲哲妈笑话他"没出息"，可小家伙一点不在意。想起自己小时候，邻家小孩手拿一个硕大的面包，也不吃，就在我们面前晃来晃去。一开始没明白他的意图，后来大悟，他类似于我家哲哲，都得了极度炫耀症。

儿童，还不懂得韬光养晦，他们的爱与恨、好与恶都写在脸上，所以没必要压抑他们心中的本能。无论是儿童还是成人，有时候就该好好炫耀一番，享受彻彻底底的快乐。让炫耀更持久！让奥特曼永远年轻！

臭小子的诡辩

那时的哲哲还特别爱吃肯德基。常常是散步走着走着，看见一家，我架不住他的反复央求，就进去给他买了一支小甜筒。

我不喜欢吃，坐在哲哲身边看他吃。不一会儿，闻到一股异味。凑近哲哲耳边，低声问他："快说，是不是你放毒气了？"他没有争辩，嘿嘿一笑，并说："就喜欢悄悄地放毒气弹。"告诉他这样做可不文明，以后不能这样了。没想到他反驳："你不是总叫我臭小子嘛，臭小子就应该放毒气！"他还有理了，用的还是古代辩者公孙龙的绝学——诡辩术。

臆想着将来他要是辩论赛上也有如此奇想，该有机会成为最佳辩手。

我妈妈什么也没买

有小甜桶的夏天总是很快乐。其实，夏天还有一个好处，那就是可以去水边玩。

一天，北京下了一场很透的大雨。傍晚的时候，哲哲妈带哲哲去散步。走到积水潭，看到池塘里的水溢出来了，一群小鱼游来游去，兴奋得哲哲挽起裤脚，下水捉鱼。捉到几条后，他特别高兴，但苦于没有装鱼的袋子，于是哲哲妈带他去了附近的超市。

哲哲妈转了一圈后，拿了两个免费的塑料袋，走出超市。后面的哲哲径直走向收银台，冲着收银员说："阿姨，我妈妈什么也没买，她拿了两个塑料袋。"

屁颠是快快乐乐的意思

回到家，哲哲要和我比赛造句，他首先来了一句："我屁颠屁颠地向山上走去。"转而，他问妈妈："妈妈，你说屁颠屁颠是什么意思？"哲哲妈打了一个比方："就是啊，有人找你爸爸打篮球，不管手里有什么重要的事，他都会放下，然后屁颠屁颠地去了。"哲哲恍然大悟："哦，原来屁颠屁颠就是快快乐乐的意思啊！"

哲哲妈本想贬损我没有定力，而哲哲却看出我打球前的那份快乐，儿童的视角真是独特。

史上最难吃

哲哲妈出差的时候，我不得不当起厨师。

第一天，给哲哲做早餐，没什么食材，下了一锅挂面。第二天，忘了买蔬菜，又下了挂面。第三天，看还剩一把挂面，索性吃光吧。

那天，哲哲只吃了一点点儿，说没胃口，还点评曰："你做的简直是史上最难吃的面条。""那为什么第一天你说我做的面条很好吃呢？""那是因为还没吃到第三天——""史上"一词很伤我的心，但想起他的话很像爱因斯坦小时候做小板凳的桥段，突然笑出声来。

简直让我忍无可忍

做了被哲哲评价为"史上最难吃的早餐"后，我痛定思痛，头天做晚饭时，多放了两碗米，剩了大半锅米饭，正好第二天做蛋炒饭。

蛋炒饭我做得很仔细，葱花、洋葱、鸡蛋、胡萝卜，还放了一点儿酱油，以增加卖相。做好后，端到哲哲面前，心中忐忑不安，心情很像朱庆馀的那句"妆罢低声问夫婿，画眉深浅入时无"。晚上，装作不经意地问他："小宝贝儿，爸爸做的蛋炒饭，你觉得咋样？"回答："你的蛋炒饭简直让我忍无可忍——"

顿了大约 5 秒钟，来了一句："太好吃了——"前一句让我一下子心灰意冷，后一句又让我喜出望外，此情此景就像一直遵守纪律的小学生突然被学校宣布记过处分，接着又颁发了三好学生奖状。

我是你的超级粉丝

做了几天饭，心生厌倦，带哲哲吃呷哺呷哺。

点了一份羊肉套餐外加一份拉面，正犹豫着还要不要点别的，哲哲对服务员高声来了一句："阿姨，再给我来个红薯粉！"问他为什么点这个，他告诉我："这个不是给我自己点的，而是给你点的。""为什么给我点？""因为呀，因为我是你的超级粉丝！"

没想到还有人这么崇拜我，看来我要加油，不能让粉丝失望。愿每位父母都努力当孩子的好榜样，多几个忠实粉丝。

好东西都白埋了

饭后，带哲哲去国家博物馆。

本义是吃饱喝足之后，让哲哲了解一下国家的历史，知道自己脚下的土地以前是什么样子。看兵马俑展品的时候，给他讲了现代人了解历史的三个主要途径：口口传授、书籍记载和古墓挖掘。关于古墓挖掘，我讲得比较细，告诉他地下的东西一般保护得比较好，而且古人认为死后会进入另一个世界，所以死之前都把很多好东西放在坟墓里。像秦始皇就是中国第一个皇帝，所以他的坟墓里有很好东西。

"那现在坟墓里的东西都被挖出来了？"哲哲好奇地问。"还没有，但也挖出不少了。"回答之后，问他："看完了兵马俑，你有什么感受？"他一声长叹："哎，这帮古人啊，好东西都白埋了！"这话让我极受打击，给他讲了那么多历史，他却只看到了常情。但是，孩子也许就是首先这样看待历史的吧。

恶搞古诗

一年级下学期，哲哲开始学习唐诗。

在按要求背诵的同时，哲哲喜欢向我展示他的恶搞成果，名曰盗版古诗。例如，盗版的《望庐山瀑布》是这样的："李白来到烤鸭店，一掏兜里没有钱。"盗版的《静夜思》是："床前明月光，李白走下床。举头拿毛巾，低头擦裤裆。"

接着，哲哲说："爸爸，对了，我还有一个盗版的《春晓》，你听啊，你是第一个听众啊！"然后，开始摇头吟诗。搞笑的内容，加上他那贱兮兮的小样，让我想起讲霹雳手套和霹雳裤衩时的郭德纲。

PM2.5 超标

开学没几天，学校通知要开家长会。会上，班主任说，可能是刚开学，有的孩子上课听讲不认真；有的孩子上课看上去听得很认真，但在想别的事情，没跟老师的思路走。班主任说这些的时候，我在猜哲哲是属于哪一种。

家长会后，告诉哲哲上课要认真听讲，这样才能把握知识点。他听了不住点头，也坦言上课有时候犯困，听着听着就溜号了。"那你有没有查找一下原因呢？""我想啊，很可能是最近北京天气不好的原因吧。你看，体育老师都说了，最近老是什么雾霾呀，在 PM2.5 超标的情况下容易头晕。"我突然想起上海有个小朋友面对记者采访毒校服时，说："作为祖国的花朵，我认为，我学习一直上不去，就是因为这个校服的问题！"

哲哲与那个戴眼镜的小朋友有得一拼，都给出了神级的回答。

爸爸，我赚到钱了

到了家，哲哲突然从书包里拿出一沓钱，告诉我："爸爸，我赚到钱了！"

"什么赚到钱了？""就是啊，我今天画了一条龙，同桌涵涵觉得好看，想买我的画。""那你卖给她了？""卖了，我画了一条非常酷的龙，她给了我 30 元。对了，我还帮她抄了记事，赚了 5 元，一共 35 元。"

我以为是开玩笑，看到他手里的钱，知道他说的是真的。我告诉他："赚同学的钱不好吧。同学之间是单纯的友谊关系，不能要人家钱的。""可是，这是我辛苦的劳动换来的，又不是抢的，为什么不行？"虽然感觉他的做法不对，但我也没有更好的理由反驳哲哲。还有小朋友带零花钱的问题，到底该怎样引导呢？

跟同事说起这件事。同事的回答是，小朋友之间可以有现金交易，但应该分场合，在跳蚤市场或校园交易会上是可以的，但教室里不应做这样的事。至于零用钱，小朋友中午吃不饱，需要买东西，带一些钱可以理解，但父母要加以引导，教给孩子理财知识，不能只给钱尤其是给很多钱而不闻不问孩子怎么花。

问题似乎解决了。第二天去接哲哲，刚想给他上一堂经济课，他却抢先告诉我，涵涵同学把画还给他了，要回了 35 元，"买卖彻底失败了"。搞得我准备好的"劝学篇"没了用武之地，转而逗他："那你不是白帮她抄记事了。"没想到哲哲很大度："没什么，就当练字了。"这下轮到我无语了。

哎呀，糟了

想起哲哲第一次期中考试那天的趣事。

那天早晨，岳母特意给哲哲做了他最爱吃的豆包，又炒了蒜薹。吃完后，小家伙告诉我豆包真好吃，他都吃了两个了。我逗他玩："宝贝儿，你应该再吃一根蒜薹，这样就能考 100 分了。""为什么？""你看，两个豆包是圆的，相当于两个 0，一根蒜薹就是 1，加一起不是 100，预示着你能考一百分啊！"

没一会儿，只听哲哲一声尖叫，说："哎呀，糟了！我先吃的是两个豆包，就相当于吃下去两个 0，那再吃多少个蒜薹都不行啊！"看他瞬间仿佛丢了巨款一样的失落表情，我一下子笑喷了。没想到小家伙嘿嘿一笑，原来他人小鬼大，是在配合我的玩笑。孩子的眼光总是与我们不一样呢。

你太单纯了

期中考试后，哲哲看书的时间有所减少，玩 IPAD 时间有点长。我不希望他被电子设备所控制，于是趁他不注意，把 IPAD 放在某个隐蔽处。

第二天早晨，哲哲笑眯眯地对我说："爸爸，我知道你把 IPAD 藏哪儿了？""嗯，你还挺厉害，那么隐蔽的地方你都发现了！""哈哈，被我骗到了。"他高兴得手舞足蹈，转而，又撇撇嘴评价，"爸爸，我发现你太单纯了！""单纯？""对啊，一骗你就上当。""那单纯一点儿不好吗？""好也不好，好就是比较简单，没有那么多烦心事。不好就是容易上当，就像贪吃的小鱼爱上钩一样。"

娓娓道来的样子很像专业的心理咨询师，小家伙注定比我精灵。

再给我变一个巧克力吧

去深圳出差，我的一位朋友送了哲哲一盒磁条玩具。

回到家，拿给哲哲看。小家伙很喜欢，立刻拿出来玩。他先是搭了一个八爪蜘蛛，雄赳赳地站在桌子上。但少了一个白色的磁条，找了半天没找到，央求我帮忙。

其实，他一直有乱放东西的毛病，屡教不改，为了让他长点记性，我毅然回绝。

我碰巧发现白磁条就在桌子下，捡起来偷偷放在手里。"宝贝儿，爸爸给你变个魔术，怎么样？""什么魔术？""我能变出小磁条。""不信。"我煞有介事地表演了一番，并让小观众对着我的手吹了一口气，说了一声"变"。看到想要的磁条，哲哲惊讶万分："爸爸，你像春晚那个神奇小伙一样，太厉害了。"正沾沾自喜之际，哲哲接着说："爸爸，你这么厉害，再给我变一个巧克力吧，冰淇淋也行。"

这可难倒我了。沮丧之际，哲哲安慰我："爸爸，别伤心，你能变成磁条已很厉害了。"

我真为他的将来担心

第二天，有个重要的会要参加，早晨六点起来，我直奔郊区，又是听课又是主持，忙了一天，有点辛苦。所以，下午5点多到家时，瘫在床上倒头就睡。

以下是哲哲妈转述的。哲哲妈下班到家后，问哲哲"爸爸回来了么"，小家伙笑嘻嘻地回答说："回来了，房间里睡觉呢！""哦！""你说这么大好的时光，爸爸都睡过去了，我真为他的将来担心！"说完还一声叹息，一副伤仲永的表情。

哲哲妈转述这话时，我想笑又笑不出来，没想到给哲哲留了一个不努力上进的印象，其实平时我还是很好好学习，天天向上的，看来还要继续努力，千万不能让哲哲为我的未来担心。

他就是刨粪坑

为了弥补最近没时间陪哲哲的遗憾，我主动送哲哲上学。路上，见一青年男子在爬护栏。

护栏很高，看上去有点危险，哲哲见了撇撇嘴："爸爸，我看他就是刨粪坑。""刨粪坑？什么意思？""刨粪坑都不知道，这是歇后语，就是找屎（找死）的意思！爸爸，我这个可绝对是我自己想的啊。"原来是原创的谐音歇后语，够精彩。

过了一会儿，他继续："爸爸，我发现创作歇后语也不难，你看我又想了一个，大风刮过爷爷家,你说是什么歇后语?"我没想出来,最后哲哲给出答案——"吹牛",因为爷爷牛比较多。创意很好,但估计能猜出来的不会太多,转而告诉他,歇后语要拿人人知道的东西来比喻,这样更容易让对方理解,成为流行语,就像"秃子头上的虱子——明摆着"等。

不过,哲哲领会了歇后语的精髓,而且有自己的创造,已经很好,还是多表扬他吧。

亮亮的生日帽

下午接哲哲时,他很高兴地对我说:"爸爸,我觉得亮亮应该有个生日,推算吧,它也有一岁了,要不就把今天当作它的生日吧。"

亮亮是我家养的一只狗,养了一年多,长得比较快,从小狗变成了中型犬。看着亮亮,哲哲小声嘀咕:"过生日就该吃生日蛋糕,妈妈肯定不会买,我还是给你做个生日帽吧。"

然后,他回到自己的房间,拿出一张彩纸折折剪剪起来。没多久,一顶小矮人戴的同款锥形帽做好了。但亮亮不配合,努力多次未果后,小家伙有点气馁:"要不明天你再过生日吧,或者你哪天让我戴帽子,你就算哪天生日。"

晚上睡觉前,哲哲不死心,看到趴在窝里的亮亮闭目养神,又试了一次,这回成功了。他大喊着让我赶紧照相,然后兴奋地告诉我:"爸爸,我看亮亮还是3月1日出生吧。"说完,像搞定了一桩心事,又和亮亮合了一张影。这一次,亮亮很配合。在我看来,那真是很有爱的一幕。

你不是要离去吗

第二天周末,我一边哼着汪峰的歌《春天里》——"如果有一天,我悄然离去……",一边打扫房间。

没一会儿,我发现我的背包被丢在门口,手机、钱包、钥匙,一应俱全,旁边还放着一瓶可乐。问哲哲妈怎么回事,这时候,哲哲甜腻腻地凑上来,说:"爸爸,

您这么厉害，再给我变个巧克力吧

"宝贝儿，爸爸给你变个魔术，怎么样？""什么魔术？""我能变出小磁条。""不信。"我煞有介事地表演了一番，并让小观众对着我的手吹了一口气，说了一声"变"。看到想要的磁条，哲哲惊讶万分："爸爸，你像春晚那个神奇小伙一样，太厉害了。"正沾沾自喜之际，哲哲接着说："爸爸，你这么厉害，再给我变一个巧克力吧，冰淇淋也行。"

　　这可难倒我了。

你不是说你要离去吗，我帮你把东西都准备好了。我还给你拿了可乐，路上喝，这可乐可好喝了。"当时，我的心里严重内伤。

有专家表示，儿童爱搞恶作剧，是一种天性使然。具体的原因多种多样，有的是因为平时被父母忽视，希望自己的行为引起成人的注意；有的是天性好奇，想看看与成人的要求相违背时，会有什么结果；有的是与父母交往中产生了坏情绪，利用恶作剧来发泄心中不满，从而达到心理上的平衡；有的是父母教养方式不当，一味娇宠，造成孩子为所欲为。

哲哲应该属于第二种，以恶作剧的方式满足好奇心。就像问他"为什么喜欢捉迷藏"的问题时，他说："你不是说很爱我，看不到我就担心吗，我想知道你们到底有多担心！"

压箱底的笑话

哲哲有个压箱底的笑话，据说是从好友赞赞同学那学的。

讲之前，哲哲总会以"再给你说个好玩的啊"开场，然后开讲："有一天啊，小明带着爸爸去逛街。走着走着，看见一辆摩托车，问爸爸，这是什么。爸爸说，这是马达。又走呀走呀，看见了一个警察。问爸爸，这是什么？爸爸回答，这是杰克·奥特曼。小明又走，看见一个男的，问爸爸，爸爸说，这是小偷。又看见一个女的，问爸爸，爸爸回答这是小偷的女朋友。又看见电线杆，爸爸说是黄瓜。有一个女的撞在墙上，流了一点儿血，问爸爸那红色的是什么，爸爸说，是番茄酱。这时候啊，一个男的骑摩托车不小心撞在电线杆上。小明急忙朝警察那跑去。大喊，杰克·奥特曼，我看见一个小偷带着他的女朋友，坐着马达，撞在了一根黄瓜上，流了一点番茄酱。"

每次说完，哲哲都哈哈大笑。我也跟着笑，不为他讲的内容，而是他一脸的喜气相。

你怎么不拿小本本

遇到哲哲说好玩的事，我习惯拿出采访本记下来。

就像哲哲讲这个笑话的时候，我就拿出我的本子唰唰地写上几个关键词。小家伙很好奇，当我写字的时候，凑过来，问我写什么呢。没回答他。"爸爸，你一定是记我说的话。"

记完了，我就把本子收了起来。没一会儿，他凑过来："爸爸，给你讲个好玩的事啊……"半晌，没了下文。"你怎么不讲了？""爸爸，你怎么不拿小本本记啊？"一不小心成了御用文人，应该是难过还是高兴呢！

童心有秘密

我手上有一个小口子

自哲哲上幼儿园小班开始，我每天晚上给他讲一个故事，之后小家伙会喝水，上厕所，然后回到自己房间，互道晚安。

一天，晚安十分钟后，哲哲又来到我的房间，说："爸爸，我手上划了一个小口儿。"我看了半天也没找到。"爸爸，你别找了，那是一个几乎看不见的小口，你吹吹就好了。"我赶紧吹了两下，然后小家伙噔噔噔地跑回自己的房间。

突然想起自己小时候，跑到遥远的农田，告诉正在田里劳作的妈妈，我的一颗牙掉了。孩子在乎的，其实不是伤口，而是父母的一个抚慰、一个关注而已。

难忘那里的一切

幼儿园三年生活很快，转眼离园进入倒计时。

那段时间，哲哲不再像以前那样，扭扭捏捏、百般不愿地去上学，而是早早起床，穿好衣服，乖乖地坐在沙发上，等着我送他入园。我逗哲哲玩："你不是不喜欢幼儿园吗？现在怎么这么乖？"他告诉我："其实啊，我还是很喜欢幼儿园的，我在这里待了三年呢？"问他："那你最留恋幼儿园的什么？""我啊，难忘那里的一切。"发现哲哲和我一样，骨子里都是格外念旧的人。

别以为孩子对什么事情都不在乎，别以为他们还小，不懂得珍惜和感恩。其实，在他们的心里，所有的生活都留有辙印，所有的记忆都有重量。

排序

因为陪伴哲哲时间比较多，每次排序"你最喜欢的人是谁"时，我都排第一，第二是一直给他做香喷喷饭菜的姥姥。哲哲妈有时排第三，有时被姨夫超过，退居第四，因为姨夫经常给他买玩具。之后是姥爷、爷爷、大姨和他的小姐姐。

我的老妈也就是哲哲的奶奶，很少来北京，总被排在最后。哲哲 2011 年暑期幼儿园毕业后，我们回了农村老家。在老家，哲哲奶奶不让哲哲逗鸡，因为小家伙把母鸡追得都不下蛋了。哲哲没了逗鸡的乐趣，生气了，冲奶奶发火："哼，你一点儿也不好，就排在最后吧。"搞得哲哲奶奶哭笑不得，后来给哲哲买了他最爱吃的冰淇淋，才算重新进入前五。

有专家说，0 到 3 岁是孩子与他人建立情感的关键期，这段时间内谁陪伴孩子的时间长，孩子就跟谁越亲近，而且这种感情会维持相当长的时间。我深有体会，如果哪位父母被孩子排到最后，得加油了。再透露一个秘密：多陪孩子，玩得越疯，上升速度越快。

喜欢你

2011 年 9 月，哲哲正式成为一名小学生。

每天接送哲哲上下学，并抽空辅导他写作业、讲故事，下班之后的时间几乎都放在他的身上。

某天，哲哲放学回来，要去外面骑自行车，还点名必须由我陪他去。我加班写新闻稿有点累，想休息一会儿。但他一个劲儿地催促，搞得我有点烦，于是抱怨："怎么什么事情都是我陪你，你为什么总是欺负我呢？"哲哲来劲儿了，反驳道："我哪里是欺负你，我是喜欢你，才让你陪的！"

成人以为是负担，孩子以为是奖励；成人以为是浪费时间，孩子以为是同享快乐。细细品味，陪伴还真不是父母给予孩子的施舍，而是孩子给予父母的恩惠。

一个新哲哲

上了小学以后，我经常带哲哲参加户外运动。

晚饭后，一家人常去北师大操场跑步、踢球。某天，我发现哲哲表现不太好，跑步总是抄近路，一个多小时也没跑多远的距离，踢球也不认真，专搞破坏。我有点生气，先回家了。

哲哲不见我踪影，问妈妈："爸爸是不是生气了？"哲哲妈逗他："嗯，你爸爸走了，跟别人结婚了。""啊，那爸爸去生一个新哲哲了？他不能不要我啊！我好好表现还不行吗？"小家伙露出十分懊悔的表情。

哲哲妈后来告诉我，听完这句话，她笑得不行。我一边责怪哲哲妈不能开这种玩笑，一边检讨自己不该乱发脾气，更不能掉头就走。做父母的，不能让孩子有被抛弃的感觉，那是对童心最深的伤害。而天底下最残忍之事，其实不是肉体上的敲打，而是夺走孩子心里最珍爱的东西。在孩子的眼中，这个最珍爱的东西，应该就是父母的爱与陪伴吧。

问了张老师几个问题

2012年的春天，哲哲班家委会组织了一次郊游，到郊区一个生态园采摘蔬菜。

哲哲妈也参加了。回来后，她有点不高兴，告诉我："儿子真是个跟屁虫，一直跟着张老师，跟她说的话比开学到现在跟我说的都多，还说张老师你真漂亮，比我妈妈都漂亮。"原来是哲哲妈吃醋了。

和哲哲单独在一起的时候，我问他："这次出去玩得怎么样？"他告诉我："挺好的，闯关游戏很成功，我还和张老师一起挖花生和地瓜了。回来的车上，还跟张老师坐在一起，聊了植物大战僵尸，问了张老师几个问题，但她都回答不上来。"

孩子喜欢和自己聊得来的人，喜欢向信任的人敞开心扉，有了共同话题，童心的大门就打开了。

只要你送我上学

春天温差大，哲哲不小心感冒了。但感冒的他依然坚持上学，我看他很听话，就问他有什么要求没，爸爸尽量满足。他告诉我："没有，只要你送我上学就行了。"问他："不用我买你最爱吃的肉松面包了？""不用。""不用我给你买爱吃的劲脆鸡腿堡了？""不用，你不是说汉堡不能多吃吗？""那你真的没别的要求了？""没有了。对了，爸爸，我有一个要求，就是晚上你去接我，必须你来接啊。"

在孩子最需要帮助的时候，往往求助于他最信任、最期待的那一个——你是孩子心中的"那一个"吗？

很美很美的家

晚饭后，哲哲忍着不舒服做语文作业。检查他的作业时，发现最后一道题是填词语：左边是"很 ___ 很 ___ 的 ___，很 ___ 很 ___ 的 ___，很 ___ 很 ___ 的 ___"，右边是一幅作为标示的小图。

哲哲填得很认真，如"很长很长的小河、很白很白的云，很大很大的月"，最后看还有一道横线，就填了一个短语——"很美很美的家"，虽然"美"字少写了一横，但这句子让我的心里突然涌起一股暖流。对孩子来说，最重要的，莫过于一个完整而幸福的家。在他们的眼里，没有什么比完美的家庭更重要，没有什么比父母的陪伴更美好。

我们，和孩子一起营建一个很美很美的家吧。

想让你多陪我一会儿

北京的春天另一个不好的地方，就是有雾霾。因为空气质量差，送哲哲上学的路上，我俩的话都不多。

我也很少像以往一样把他送到教学楼门口，而是到学校大门口就停下，让哲哲自己走过去。因为上班时间要求比较严，不想迟到被领导批评。另一方面，也想锻炼一下他的自主能力。

这天早晨，快到学校时，哲哲开口："爸爸，今天你送我到教学楼吧。"看他提出要求，我没忍心拒绝。往学校里走的时候，我问他："你今天为什么让我送到教学楼呢？你嫌走这几步有点累？""不是，我就是想让你多陪我一会儿。"

我有点后悔锻炼哲哲的自主能力了。

我想和你一起睡

到了周末，不用起早送哲哲上学，可以彻底放松一下。

到了中午，我很想大睡一觉。哲哲从来不睡午觉，从幼儿园开始就这样。我刚躺下，他就黏糊糊地凑过来："爸爸，我想和你一起睡。"那就睡吧。哲哲和我脸对脸，睁着萌萌的大眼睛看着我，轻轻的鼻息吹在我的脸上，油然而生一种很亲密的感觉。没一会儿，他发出了连珠炮："爸爸，你的脸上怎么有斑点，是不是什么老年斑？你的鼻孔里面怎么有毛，我为什么没有？你的眼窝怎么这么深，我的却很浅呢？爸爸，你睡着了吗，没睡着吧，装睡吧……"

在孩子的心中，我们以为的打扰，其实是一种爱的表达，只是表达得不是时候。现在回想起来，当初一走了之是不对的，而应解答他的疑惑，或陪他玩会儿游戏，哪怕给他读一本故事书也好，以打发他那个有点无聊的中午。

9点50，你必须回来

晚上，我和朋友约好打篮球，然后在外面吃饭。

哲哲想我了，晚上八点左右，电话如八百里加急电报一样，每十分钟催一次。我和哲哲商量："爸爸10点就回，别再打电话了，好吗？""不行，最晚9点。""9点真的不行，没吃完啊！""那就9点半，不能再晚了！""9点半也不行。""那就9点40。""9点40也不行，我和同事都约好了，吃到10点。""那就9点50，你必须回来。"那天晚上到家都10点半了，哲哲睡了。哲哲妈说我："你看哲哲多给你面子啊，一再往后拖，你却不领情。"

猛然觉得，我做错了。如果哪位家长也有类似的经历，要引以为鉴。陪伴孩子更重要，尤其是孩子满心期待你的时候。

就是想和你说说话

以前家里房子小，哲哲都是和老人睡。等到2016年买了大房子，哲哲有了自己的房间，却不愿自己睡，屡屡找借口在我的房间留宿。每到这个时候，我就扳过他的小肩膀，教育他，爸爸小时候都是一个人睡的，而且从很小的时候就这样，你这样不求上进，还不如爸爸呢。

他当即反驳："爸爸，人和人不一样，不能这么比。你小时候会吹小号吗？会养蝎子吗？会画画吗？会折纸船吗？……"一长串排山倒海的诘问，把我问得哑口无言，只好放宽规定，每周选一天跟我们睡。暗地里，有点担忧哲哲是不是没有安全感，因为很多害怕独自睡觉的孩子，深层次的心理原因是缺乏安全感。找个机会，我悄悄问他，你为什么不想一个人睡，是怕不习惯还是害怕做噩梦呢？他告诉我说："其实啊，我就是想和你说说话。"

原来如此。于是，我每天再忙，也要和小家伙聊上十几分钟昆虫或狗狗。然后，听他细细的鼾声响起，再离开。唯一遗憾的是，不知道他梦中到底遇到了什么，是好梦还是坏梦呢？

我更喜欢平淡生活

四年级上学期的最后一天，哲哲领回了三张奖状。

一张是诗朗诵的三等奖，我问哲哲在台上表演是不是很风光。小家伙低调地摇摇头，告诉我："其实，我不太喜欢出风头，我更喜欢过平淡一点的生活。""平淡"二字从他的嘴里吐出来，有着浓浓的哲学味道。

大多数人都想过平淡的生活，只是有些父母望子成龙的心情过于急切，人为地拔苗助长，将孩子推向台前，一厢情愿地以为孩子很享受这个过程。实际上，凡事多问问孩子的想法，不逼迫不强求，认同孩子的情感和价值观，即使没有轰轰烈烈的成功，只要有安全感、幸福感、成就感，也会拥有幸福的人生吧。

第二篇

爱，是温暖的陪伴

哲哲有哲思

红领巾不是鲜血染成的

上小学一年级时，哲哲加入少先队了，很兴奋。

入队后，哲哲很严肃地问我："爸爸，老师说，红领巾是五星红旗的一角，是革命烈士的鲜血染成的，你说是这样吗？"旁边的妈妈接话说："当然不是啦，那是瞎说！"

我把哲哲叫到跟前，语重心长地告诉他："红领巾呢，的确不是鲜血染成的，但它是一种象征，代表着荣誉和责任，就像鸽子象征着和平一样。系上红领巾以后，就要守纪律，多帮助其他小朋友。"哲哲做恍然大悟状："我就说嘛，哪有那么多的鲜血。再说，用鲜血染色也太可怕了。看来啊，老师说得也不全对。"

旅美作家南桥就说过，"知识不是力量，思考才是。"我不知道孩子怀疑老师的权威好还是不好，但我赞同他凡事有自己的思考和判断。

被驯服才能活下去

说完红领巾，话题又转到狗身上。哲哲问我："爸爸，你说狗是怎么来的？原来就有狗吗？"我想了一会儿，告诉他："不是吧，可能是早期的人类把狼驯服了，慢慢才变成狗。""那狼是怎么被驯服的呢？"我一时语塞。其实，狼永远不能被驯服，而被驯服的往往改变了物种的某种属性，而不是狼了，但这些哲哲显然还理解不了。

于是，简而化之，对哲哲说："最早啊，人类把好多捉来的动物都圈起来养，时间长了，只有猫啊、狗啊、鸡啊、猪啊、牛啊、马啊什么的还包括狗，活了下来，也就是被成功驯服了。""啊，接受人类的驯服才能活下来，但得听人类指挥，不听人类使唤就活不下来。"哲哲发挥了他的辩证法，自圆其说起来。

转而，他又一声叹息："哎，又想活下来，又想获得自由，真难呢！"

长大当个设计师

不知怎的，又谈起未来。哲哲基于自己的优点和缺点，分析道："爸爸，虽然我运动没你好，但我会画画，我想长大后当个设计师应该没问题。""设计师也不错，是个很有前途的职业。对了，那你打算设计什么呢？""爸爸，我想设计一个更漂亮、更环保的大楼，也想给小朋友设计玩具。"

转而，哲哲问："爸爸，你说设计师需要具备什么技能呢？""我觉得啊，一是创造力，二是执行力。""那你觉得我创造力怎么样？""你看你拼插玩具那么有想象力，有成为设计师的潜质。""那我的执行力呢？""你的执行力也不错，就像你今天作业写得很好，东西收拾得很整齐，以后一定能设计出很伟大的东西。"

听到我的表扬后，哲哲高兴得不得了，好像自己真的成了设计师。很多时候，父母的一句鼓励，就无意中改变了孩子的人生走向。

活着是为了什么

几天后是母亲节，哲哲给他大姨打电话，不经意地说到活着是为了什么的问题。大姨拿出了教育自己孩子的一贯语态，给出了"活着是为了学习"的答案。哲哲听了很困惑，问我："爸爸，难道活着仅仅是为了学习吗？"我反问他："你觉得呢？""我觉得啊，活着不仅仅是为了学习，活着是为了要开心。你说呢？""我认为，活着就是做自己想做的事，实现自己的人生理想。"

我没有教化哲哲的意思，只是希望一个生命来到这个世界上，能体会到生命的种种乐趣与价值，而不是被条条框框、各种压力所束缚。而活着的终极意义，也许等哲哲长大后就慢慢懂得了。

小鸵鸟也比较傻吗

接着，哲哲跟我聊起鸵鸟。

我好为人师地告诉小家伙："你知道吗，鸵鸟虽然不会飞，却是陆地上最大的鸟类。鸵鸟的蛋有气球那么大，鸵鸟跑起来像一辆小汽车一样快。""那为什么遇到了敌人，鸵鸟不跑，反而把头埋在沙子里呢？"哲哲的发问让我一下子蒙了。

憋了半天，憋出一个"可能是鸵鸟比较傻"的答案。"那为什么小鸵鸟也这样做，是小鸵鸟也比较傻吗？"我不知如何回答，上网搜答案，然后告诉哲哲真实答案，并诚恳道歉。还好哲哲再一次大度地原谅了我。

网上的解释是这样的：鸵鸟将头埋在沙子里这种避敌方法，并不是因为惧怕危险，而是巧妙地利用阳光照射沙漠表面产生的反射光和热空气的漫反射光形成的强光层，来保护自己。它把身体隐蔽在光层之下，头如同一架潜望镜一样窥伺敌人动向。如果一旦被敌人发现，鸵鸟会奋起反击。它倚仗高大的身躯和强劲的腿，可以跟土著人锋利的标枪较量，狮子、猎豹等猛兽也不能在短时间内使它毙命。

这件事让我知道：我们不能好为人师，也不能不求甚解，尤其在孩子面前，最重要的是不能为了维护所谓的权威，死要面子，拒不认错，否则真成了"比较傻"的鸵鸟。

小孩一定要怕大人吗

搞懂鸵鸟问题，邻居家的孩子乐乐来串门。两个小孩在一起玩的时候，哲哲姥姥问乐乐："在家里，你最怕谁啊，是爸爸还是妈妈？""我爸经常出差，我怕我妈。"乐乐走后，哲哲不解地问姥姥："你为什么问乐乐怕谁啊？"姥姥答："我就是随便问问。"

后来，哲哲告诉我："爸爸，你说小孩一定要怕大人吗？""你觉得呢？""我觉得啊，小孩不应该怕大人，大人要和小孩做朋友的。""那你当了爸爸，怎么和自己的孩子相处？""我啊，我会好好爱他们，他们肯定也喜欢我。""他们？宝贝，你要生几个孩子啊？""两个吧，正好有个伴儿。"看着他一本正经的表情，我断定哲哲一定是比我好的爸爸。

我是你的玩具

乐乐走了以后，哲哲摆弄起他的处女圣龙玩具。

处女圣龙是他喜欢的《奥拉星》游戏里的一个角色，可以变换形状，类似于变形金刚。他每天爱不释手，一日不玩如隔三秋，就像我小时候特别喜欢木制的手枪或弹弓一样。他还经常给我讲解处女圣龙都有哪些特点、哪些朋友和哪些绝招，等等。

睡觉前，小家伙一本正经地问："我的玩具是处女圣龙和变形金刚。爸爸，你们大人也有玩具吧？""嗯，有啊。""那你的玩具是什么呢？"我的玩具是什么，一下子把我问住了，篮球？台球？电脑？好像是爱好，都不是玩具。踌躇之际，哲哲代答："哎呀，你怎么还没想出来，其实，我就是你的玩具啊。"

哲哲的话让我思考良久，这个玩具又聪明又可爱，还能逗我开心，得好好珍惜，但孩子真的是大人们的玩具吗？

最好的还是期待的时候

睡前，哲哲对我说："爸爸，咱俩好久好久没有吃健康大油条了，要不明天一早吃一次？""好啊，但你得早点起来。""没问题，爸爸，向你推荐一本书，'暴风雨之夜'系列挺好看的，我都看了三本了。我再看会儿书就睡觉。"

第二天，我俩在学校门口的上海城隍庙小吃店，吃得很 happy。走向学校的时候，他很有感触地说："爸爸，其实大油条也没那么好吃。我发现啊，最好的还是期待的时候，想着接下来有那么好的东西等着，心情就特别好。""是啊，你没发现，在《我等待》里，大卫德·卡利就把期待的美好写出来了吗……"

人生就是一次长长的期待，怀着享受的心情去迎接每件事，每天都会像吃美味一样。送完哲哲去上班的路上，我想着自己也有很多期待，如想写一本好玩的儿童故事，想记下家乡的旧人与旧事，还想看看长大的哲哲会是什么样。想着想着，整个人都灿烂起来。

什么是好爸爸

第二天，接哲哲放学，路上聊学校的事，他说起波波同学的爸爸很好笑，本来答应波波来我家里做客，却因为波波上厕所时看了一会儿《狼图腾》，觉得孩子是在看闲书，就不让波波来了。

"爸爸，你说这样的爸爸是不是不靠谱，太情绪化了。""嗯，是有点，看《狼图腾》也没什么不好吧，跟去不去同学家玩是两码事，不该放在一起。""爸爸，那你说什么样的爸爸是好爸爸呢？"我回答他："好爸爸可以从很多角度看，比如把孩子当作独立的人、尊重孩子的爱好、多听孩子的想法、和孩子做朋友，但最重要的还是做好自己，不能自己一身毛病，却要求孩子做这做那，其实呢，做爸爸的自己心胸开阔，积极向上，孩子就会变好的……"

小家伙点点头，表示赞同："爸爸，我发现有时候我不太想看书，但看你在看书，我也想看了，而且特别想在你身边看。你说好爸爸要做好自己，是不是能给孩子一种吸引力呢？"吸引力这种说法有点意思，看来爸爸们不仅要做好自己，还得像李开复那本书的名字一样，做最好的自己。

嘿嘿，这是秘密

接着，开聊他挚爱的《海贼王》。

他爱上《海贼王》，其实源于漫画书，最近他爱聊的是一个叫"Z"的人物。听小家伙讲述 Z 的身世，感觉像一部跌宕起伏的基督山伯爵复仇记。"爸爸，你知道吗？ Z 就是传说中的原海军大将泽法，他夺走了能与古代兵器相抗衡的动力岩，要统治全世界，后来与海军大将黄猿和路飞他们大战一场……"

"Z 这么有野心，一定是一个阴谋家吧！""不是，他的家人都被海贼杀了，所以他才造反的。""那他打得过黄猿和路飞吗？""嘿嘿，这是秘密，不告诉你，你自己看动画片吧。"小家伙像说书人一样，卖了一个关子。

之后我和哲哲一起看了剧场版《海贼王-Z》，谜底解开了。不过，新的《海贼王》话题又开始了……

中关村二小的问题

中关村二小校园欺凌事件发生后，作为教育媒体人的我，觉得有必要做这个选题。

我想了几个角度，哲哲这时凑过来，我顺便问他对这件事的看法。小家伙想了一会儿，告诉我："首先吧，每所学校都会发生这样的事情，只是有的多，有的少；第二吧，我觉得还是父母的问题，父母平时没有给孩子好的教育，所以有的孩子爱欺负人或者被欺负；第三吧，班主任怎么不管管呢，老师管一下，说一说，兴许就没事了。"

"如果你遇到这样的事，或者被垃圾桶扣头上的人是你，你会怎么样？""要是我啊，第一我会哭，第二会找老师，老师要是解决不了，我就告诉爸爸。""那在学校被欺负过吗？""没有，我和同学都是打着玩，没有真生气的。我在学校还挺好的，你不用担心。爸爸，不说这个了，咱们还是玩一局促进亲情、提高智力、充满欢乐的 UNO 牌吧！"

看他开心的模样，我知道他现在的生活很快乐。其实，校园欺凌不是一天两天形成的，如果父母多与孩子交心，知道孩子在学校的情绪波动，及早干预或与班主任沟通，就不会酿成不良后果。说到底，支撑孩子无所畏惧、一往无前的，是父母的爱、理解和关怀。

做比说重要

那段时间，哲哲学了《完璧归赵》的课文，老师让他们课前讲几个战国时期的故事。

上学路上，哲哲央求我，给他讲两个战国故事。围魏救赵、将相和、屈原投江……故事好像很多，最后决定给他讲长平之战。讲完后，我附上一句，你知道白起的命

爱孩子
就把你的时间送给他
用你的一生
伴随他一程

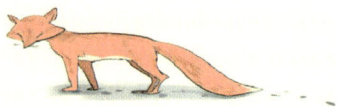

文尾的一句话更是深深打动了我——
"爱孩子,就把你的时间送给他,用你的一生,
伴随他一程"。

　　对照这句话,联想起多年来对家庭和哲
哲的付出,虽然没有生出多少愧疚,但还是
想着给哲哲更多的爱,走好人生"这一程"。

运吗，就是坑杀了数十万赵军的秦国名将白起，后来他被秦王杀了。他临死前，不觉得冤枉，而是觉得自己死有余辜。讲完故事，我习惯性地做总结，还告诉哲哲，战场上选人很重要，选不好将领，就意味着让很多人白白送命。

"爸爸，这个故事也告诉我们，老爸厉害不见得儿子厉害，是吧？""嗯，有道理，还有什么发现？""还有就是，还是妈妈比较了解儿子，他妈知道自己儿子打仗不行，所以劝阻赵王的。"很惊叹小家伙的发现，继续追问他又看出什么，他歪头想了一会儿，说："嗯，我还觉得看一个人厉害不厉害，要看他做得怎么样，而不是说得怎么好，做比说重要……"

我以前总说要让孩子多了解历史，学会辩证看问题，小家伙好像越来越上路了。

胖不胖都一样帅

没多长时间就迎来了期末考试。考完试，拿到成绩单时，哲哲发现自己各科还算不错，自我感觉不错，还对着镜子照啊照。突然，哲哲对妈妈说："班里同学说我帅呢！""真的么？嗯，你是挺帅的，要是能再瘦点，就更帅啦！"看他脸上天然的婴儿肥、圆鼓鼓的小肚子，哲哲妈不忘进行健美教育。

小家伙却反驳道："妈妈，你这样太伤人了！你应该说，胖不胖都一样帅！"从对话中我发现，哲哲好像很少自卑过，在阅读和昆虫、狗狗、绘画、设计、架子鼓等方面，他一向很自信。偶尔考试成绩差的时候，他总能从比他更差的那位同学身上找到安慰；体育考试有时不是很好，但"都达标了，说明我身体没问题，而且体前曲我还是全班第一呢"；一听到披萨和冰淇淋就流口水也不怕被笑话，因为："哪个小朋友不爱吃呢？"

有时候，我像天底下所有父母一样，担心孩子不够完美，希望他能成为同龄人的佼佼者。慢慢地，我才悟出良好的心态才是一个人最重要的禀赋。就是这种看似不慌不忙、不急不躁的平和心态，成就了一个优秀的孩子。

小小观察家

我能猜到哪个灯是坏的

上幼儿园时，哲哲就是一个精灵古怪的小家伙。记得有一天，我和刚刚5岁的哲哲在外面玩到很晚。回到家门口，他神秘地告诉我："爸爸，你知道吧，我能猜到楼道里的哪个灯是坏的！""啊？这个你也知道？我不信！"

"那你看啊！"哲哲"嗷"地大吼一声，把我吓一跳。"你喊什么，差点被你吓死了！""哪里有，你看五楼的灯就坏了。"说完，用手一指，果然五楼的廊灯没有亮。原来楼里的灯都是声控的，他那一嗓子把整单元乃至隔壁单元的灯都喊亮了。

我还发现啊

上小学后，哲哲依然有着福尔摩斯一般的敏锐。

一天上学路上，和哲哲聊天时，一串消防车呼啸着飞奔而过。目送着消防车走远，哲哲很兴奋，然后开始分析："爸爸，我猜啊，着火的地方一定火势很急！""为什么？""你看这可是四辆消防车呢，而且叫得这么响，开得又那么快！""哦，那你还有什么发现？"哲哲清清嗓，继续道："我还发现啊，着火的地点一定是在北边，因为救火的车是朝北边开的，也许就是咱们家那个小区呢。"

尽管哲哲有点乌鸦嘴，但不得不佩服他的分析。而这种观察与分析的能力，对孩子而言非常重要，我们不妨多鼓励引导，也许某一天，小屁孩儿就成了大侦探。

黑色的东西都爱燃烧

到了学校，哲哲好像有重大发现一般，对我说："爸爸，我发现啊，凡是黑色的东西，有一个共同的特点。""什么特点？""都爱燃烧啊！""为什么这么说呢？""你看啊，煤啊，烧烤用的木炭啊，都是黑色的！"

仔细一想，的确是这样，我们现在使用的燃料多是黑燃料，污染很高。转而引导他："你知道吗，你说的都是传统燃料，它们虽然好用，但都有污染严重的特点。现在人类更倾向于使用绿色能源，像太阳能、风能等，特别环保的。"

哲哲似乎明白了一些。不过，他马上嘿嘿一笑："爸爸，我还知道有一种黑色但不爱燃烧的东西！""那是什么？""就是你啊，你的皮肤那么黑，但不能燃烧啊！"小家伙多次以我的肤色开玩笑，我本想教训教训他，怎奈他已经快速跑进了教学楼，看来只能接他时让他明白我的厉害了。

名人最需要粉丝

几天后中秋节，晚上一家人到什刹海边玩。

坐在湖边，一边吃月饼，一边欣赏朦胧的月色，气氛颇浪漫。一转头，看见元代科学家郭守敬的雕像。我告诉他，这是元朝最伟大的科学家之一，对天文、数学、水利都很精通，他写的《授时历》，是古代非常精准的历法，农民伯伯就看着这个种田的。月球背面还有一座叫"郭守敬"的环形山呢。

哲哲听后，不住点头，暗生钦佩之色。过了一会儿，他突然问："爸爸，郭守敬是个名人吧，你说名人最需要什么？""一个名字吧，没有名字怎么成名人！""不对，名人最需要的是粉丝，没有粉丝就算不上名人。"发现还是儿童善于观察，一句话切中要害。一瞬间，我成了哲哲的粉丝。

胆小的人更容易活下去

第二天，哲哲妈带哲哲，两人骑车去了玉渊潭公园。

平时两人都是走大路，那天哲哲妈心血来潮，要走小路，因为"小路近，也许有新的风景"。但哲哲决定走大路，因为"大路更安全"。哲哲妈笑哲哲是个胆小鬼，遭到小家伙的反驳："妈妈，你知道吗？胆小的人更容易活下来。"

后来，我问哲哲怎么想的，他告诉我是从《动物世界》上看到的，"我觉得啊，动物界和人类社会是一样的。"惊喜于他有这样的发现，想起一次问他噪音与乐音有什么区别，他回答，"一个比较乱，听着刺耳；一个很整齐，听着很舒服。"哲哲没上过音乐课外班，有如此发现，我真的很惊讶！真的不要低估孩子善于发现的眼睛。

人类的发明有好有不好

回来路上，只见乌云密布，哲哲妈和哲哲赶紧往家赶。

据哲哲妈转述，快到家的时候，一辆改装过的摩托车轰鸣而过，速度快，噪音大，哲哲蹙眉，说："我发现啊，人类的发明有一些很糟糕。你看啊，就拿刚才那个摩托车来说，优点是速度很快，但有污染，咱们骑的自行车就很环保，虽然比较慢。"停了一会儿，接着说，"你看汽车和电器方便了我们的生活，但比较浪费能源。水力可以发电，但影响了大自然，所以说人类发明的东西，都有好的，也有不好的。"

停了一会儿，小家伙又继续分析："不过有的发明也很好，像太阳能发电。对了，爸爸，潮水也能发电，但它对大海里的鱼啊、虾啊，有什么影响吗？""这个我还真不知道，咱们查查看。"查了资料，才知道结果。你们想知道答案吗？和孩子一起查查吧。

一方面，另一方面

每年暑假，我都带哲哲回农村老家。

对于在城市出生和长大的他来说，农村的很多东西他很感兴趣。例如，他好奇猪为何能生活在那么脏兮兮的圈里，公鸡为何要打鸣，母鸡下蛋后为何总是咯咯叫。让他说说城市与农村的区别，他张口就来：农村一方面呢，有大自然、大粪，房子比较矮，比较破，另一方面呢，空气新鲜，能听到鸟叫，到处都是绿色，夜里非常安静，可以看到许多许多的星星。城市一方面呢，楼很高，车很多，人也多，比较吵，但另一方面呢，有电脑、超市，还可以看电影……

他已然能熟练使用二分法，而且观察细致。我想着有机会还是多带孩子到淳朴的大自然中去，因为那是心灵可以诗意栖居的地方。

好少先队员

他们都太坏了

入队之后，发现哲哲的正义感变强了。一天，哲哲告诉我："我们学校有几个学生太坏了。""啊？为什么这么说？""今天呀，我看见好多高年级的学生走路的时候，踩着地上的红领巾了，却假装没看见。我们班瑞瑞同学的衣服掉地上了，他们也不帮忙捡起来。"

"嗯，红领巾是少先队员的标志，是不应该踩，那你怎么做的？""我呀，当然是捡起来交给老师啦！""那老师表扬了你没有？""表扬了一点点儿。"哲哲用手比出很小的意思，我狠狠地表扬了他，"你真是一个好少先队员。"

当孩子在正确的时候做了正确的事，父母们还应不吝奖励，这是在其心中埋下善的种子。

小剑龙太可怜了

说到善，想起哲哲一个经典事例。某天，我带他去西城区的自然博物馆看恐龙表演。表演过程中，一只成人扮演的恐龙在台上走来走去，惹得小朋友们惊声尖叫。哲哲觉得太幼稚，失去了配合的兴趣，看了一会儿就兴趣索然。

出来后，见一个卖玩具的地摊，他央求买了一只恐龙蛋，就是打开能变成一只恐龙的那种。挑了好半天，他选了一只天生少一只腿的小剑龙。问他为何选这样一个残次品，告诉我："因为啊，这只小剑龙太可怜了，如果我不要它，就没人要了！"

看来哲哲真的有同情心，一如圣埃克絮佩里笔下的那个小王子。

买个两层的房子

几天后，哲哲去幼儿园的同学家玩，看到人家的大房子很受刺激。

回来后，他请求我："爸爸，咱们买个两层的房子吧。像赞赞同学家那种，上下两层的。""宝贝，你知道吗？在北京买房子，我得工作20年，不吃不喝，才能买一个那么大的房子。你呢，也不能买玩具和雪糕吃了。""啊，还是算了。"许久，哲哲又说，"爸爸，其实住小房子也挺好的。"

承诺书

春节期间，哲哲收到不少压岁钱。

他期待买很多东西，什么大田鳖、蜥蜴，还想换一个新的平板电脑，买一个蹦蹦床。我感觉有些东西比较离谱，于是告诉他买什么东西要经过我们的同意。一听这话，他有点接受不了。经过协商，他写下承诺书，算是互相妥协。

承诺书如下：1.每晚自己睡；2.每天遛狗20分钟；3.每天练习20分钟小号；4.每天读半小时书；5.每天做一次家务；6.每天练英语或一周五次；7.每周踢球两次。备注是："每天一项不完成扣10元，一周都完成可以得200元，共6000元额度，其中1000元可以自主花。每天可以玩半小时电脑。"后面是双方签名。

以前哲哲制订计划很在行，执行起来扭扭捏捏。但愿长了一岁的他能履行承诺，愈发成为热爱阅读和有爱的好少年。而我似乎也要给他更大的空间，更多的自主权。

一元钱挑战

转眼春暖花开，哲哲利用周末时间参加了一元钱挑战活动。活动规定，每个队员只能带上空水杯、白纸、笔和一元钱，和临时组队的伙伴们一起完成早上8点到下午3点全程大约10公里的地点签到任务。其间要完成几个采访任务、一次公益推广以及海报制作，最难的是要想办法解决午饭问题。

那天是哲哲妈带哲哲去的，据说一路比较辛苦，和非公选的队长闹了不愉快，挑战也不算成功：问路被交通协管呵斥，口语太差没求得外国人签名，去小店请求打工换饭被老板轰出来，最后不得已，通过卖画才勉强解决了温饱。一路下来，很辛苦很受挫。哲哲一开始的反应是"什么破活动，再也不想参加了"，但到了活动尾声，他很有收获。

问他有哪些收获，小家伙以一副过来人的口吻，说："挣钱不容易啊，虽然是几块钱，也不好挣呢。我觉得还是外国人比较开朗，爱接受采访，就是我的英语太差了，得好好练练。你说中国人怎么都那么忙呢，有个人还说：'小孩不上学，在马路上晃悠什么。'爸爸，我还得好好练画画，我的画今天卖了20元，以后实在不行就卖画为生吧！"

最后，哲哲决定再参加一次一元钱挑战，因为有的组沟通很好，赚了不少钱，还吃了肯德基呢。我支持他的决定，相比起美味的汉堡，我更期待他能自信地与人交流，有朝一日能站在TED的讲台上，从一元钱挑战开始，讲述他的精彩人生。

挑战归来

果然，第二个周末哲哲又参加了挑战。

这次哲哲显得游刃有余，告诉我他给他们组的队员出了很多好主意，还通过画画赚了60多元，是队里赚得最多的，立下了"汗马功劳"，就是队友太抠门了，在南锣鼓巷买酸奶，不让加葡萄干；在前门见到一个乞丐，他想给5元钱，队友也不让；中午在中关村大街吃午饭，只吃了馒头，不让加肉，"哎，没有肉吃，太痛苦了。""也许是你们小队节约，为了顺利完成任务吧！"

"爸爸，我觉得那个乞丐很可怜，应该给的，我知道有的乞丐是假的，但那个乞丐很像是真的。给他5元钱，其实也不耽误我们的行动。哎，其他几个队员就是不让，现在的孩子怎么都没同情心呢！"哲哲的一声慨叹让我很感动，我安慰他："下次我们去前门，如果遇到的话，给那个乞丐5元吧，爸爸来出，好吧？"小家伙点点头。

网游谁不爱？

父子打僵尸

"植物大战僵尸"游戏流行时,哲哲也迷上了,写完作业就喊着要玩一会儿"plants vs zombies",并点名要我陪他一起玩。

每过一关,哲哲跟我击掌相庆,好像成功化解地球危机的超级英雄一样。看他兴奋的样子,我也很兴奋,依稀找到了"打虎亲兄弟,上阵父子兵"的感觉。球场上,无篮球,不兄弟;现实中,父子并肩作战,情谊不断加深呢。

僵尸太没文化

跟哲哲约法三章,隔天才能玩一次"植物大战僵尸",每次最多半小时。

一天,和哲哲合作通过关卡。这时,屏幕跳出僵王博士爱德华的一封信:"亲爱的房主,建议你快快教出房子,否则吾们将要发冻新一轮进攻。"

哲哲看了,哈哈大笑:"僵尸也太没文化了,交出房子被写成了教出房子,发动进攻被写成了发冻进攻,太好笑了,还说什么吾们,应该是我们,对吧,爸爸?"我没指出哲哲最后犯的那个小错误,狠狠表扬了他的观察力。

保卫萝卜

"植物大战僵尸"后,哲哲又迷上了"保卫萝卜"的网游。闲暇时,他特意画了游戏中的角色，并涂上色彩。

晚上给哲哲讲故事时，他很搞笑地把这些小章鱼、星星侠、磨叽阿庆甚至便便侠等游戏里的人物放在身旁，按照喜好程度一一排好座位，美其名曰让它们也听听好听的故事。

讲完故事，我故意问小章鱼："你说说，我刚才讲了什么故事？如果你是主人公，你会怎么做呢？"哲哲学着小章鱼的声音，嗲嗲地娓娓道来。偶尔有回答不出的问题，他就嘿嘿一笑，然后声色俱厉地批评小章鱼："你刚才怎么没有认真听，下次要注意啊！"——难怪都说孩子是落入凡间的精灵。

没有浪费时间的事情

等到"我的世界"游戏出来，哲哲一下子喜欢上了。

看他玩得很投入，我对他说："宝贝，玩游戏有什么意思啊？你不觉得很浪费时间吗？""没觉得啊，玩游戏也有收获的，能知道不少知识，还能开发想象力呢？爸爸，为什么你一看我玩游戏就说我浪费时间呢？你这样不太好。"被一顿数落，我有点心塞。

晚上，看日本作家青木和雄的小说《明日香，生日快乐》，有所悟。书中讲到，被哥哥欺负、妈妈忽略以及一句"要是没生你就好了"的刺激，原本就弱小的明日香突然说不出话来，只好去乡下的外公那里休养。在那里，她放松身心，做了一些在很多人看来浪费时间的事，如看着田野发呆。明日香的外公感慨地说："对于人生来说，没有浪费时间的事情。你以为是浪费时间的事情，可能却有着深刻的意义。"这本书的封面上写着一句话"每一个孩子都独一无二，值得珍爱"。

的确，孩子应该被善待，孩子的闲暇时间也该被善待。

好游戏

看小家伙有点迷游戏，就和哲哲约定好每天玩一小时网游。

小家伙比较遵守约定。晚上遛狗的时候，他跟我分析一些游戏的优劣："爸爸，现在回头看，'奥拉星'游戏实在弱爆了，'植物大战僵尸'还凑合，'我的世界'比较棒，设计比较好看。""那你觉得什么样的游戏是好的游戏呢？""我总结了四大标准，一是多，就是内容和关卡丰富；二是趣，内容比较好玩，不像奥特曼打怪兽那样傻乎乎的；三是帅，人物要好看，不幼稚；四是精，就是画面精美，不粗糙……"

"你没发现这四条也适用于选书吗？你看，好书也是情节比较丰富，内容有趣，主人公比较帅，不帅也比较善良有爱，还有好书制作得都很精美，你看《高空走索人》《飞鼠传奇》画得多棒，对吧？""嗯，爸爸，我发现啊，我一说游戏，你就爱往书那方面说……"尽管被揭穿了动机，但还是佩服哲哲的总结力。

运动真好

不对打这一天就白过了

到了 2012 年 9 月，哲哲上小二时，迷上了和我对打。

有时是我站在床边，他飞快冲过来，直到把我撞倒在床上；有时是他挥舞起王八拳，以抵抗我的攻击；有时是我拿着枕头，他则连打带踢地攻击我；如果我不应战，躺在床上装睡，他就各种骚扰，于是对打又在床上展开……

前几年和小家伙对打过，那时的他身小力单，几下就被我按倒制服。现在的他很结实，尤其是以撞城墙的劲头冲向我时，我好似被炮弹打在身上。玩累了，两人瘫倒在床上，我问他："你为什么这么喜欢对打？""因为对打有意思，你看我的拳头是不是越来越厉害了？"从他的回答，我倒看出男孩就是在战胜父亲那一刻获得自信和成长的意思。等到父亲完败，就是孩子真正长大的那一刻。

"今天我太累了，不打了，明天打 20 分钟，好吧！"偶尔工作太辛苦，央求哲哲放我一马，没想到他的回答却是："不行，不对打这一天就白过了。"没办法，振作精神，准备迎战，脑子里忽地闪过廉颇、李广以及凤鸣山的赵云一干人等。

牛仔都是敞开怀的

等到北京雾霾严重，户外运动项目都暂停时，哲哲突发奇想，发明了斗牛的游戏。

所谓斗牛，就是我趴在床上，他像一只小青蛙一样骑在我的身上，双手双腿扣住我的上半身，大喊一声"老牛可以斗了"，我就上下前后左右用力摇晃，把他摇下来或者他的脚着地，就算他输。

每场斗牛下来，我累得不行。但哲哲很开心。有时候，他会喊一声"暂停"，然后解开衣服。问他为何这样，他告诉我："你没看见牛仔斗牛时都是敞开怀吗？"于是，又开始斗牛，直到我俩都满头大汗。

醉牛不堪一击

一天，和同事打完球聚餐，喝了不少酒，大醉。九点半到家后，哲哲特别高兴："爸爸，你终于回来了，我等你好久了，咱们赶快玩斗牛吧。不不，是醉牛！""什么醉牛？""你都喝醉了，斗牛不就变醉牛了？"原来是这样。他骑上来，我开始晃。晃了几下，实在没力气，没把他晃下来，自己却累趴了。"哎，醉牛真是不堪一击，没劲！"哲哲一脸失望。

第二天，等体力恢复了，我又精神抖擞："小牛仔，来吧，咱们继续斗。"几下将之甩落。哲哲感慨：还是不喝酒的牛厉害。

永远的小牛仔

而后，斗牛就成了我和哲哲的保留节目。

每天晚上，哲哲衣襟大开，有时候干脆小内衣内裤上阵。我趴在床上，他在我的背上扭来扭去。很佩服的是，这个小牛仔特别有韧性，骑在我身上10多分钟，被我颠得七荤八素，小脸通红，还要继续斗下去，大有不把我这匹老牛累倒誓不罢休的地步。

某一时段，我很想叫停这项活动。转念一想，就像转眼间就发芽的盆花一样，哲哲很快就长大，到时候即使给点好处让他斗牛，估计他也不答应。所以，累就累一点，索性让斗牛的快乐变得更持久一些吧。

在我心里，哲哲就是永远的小牛仔。

家有拳击手

斗牛的兴趣一天天变淡后，哲哲爱上了打拳。

打拳时，哲哲先是摩拳擦掌，学着路飞战斗的样子，蹲在地上，拳头触地，然后飞身而起，拳头雨点一般打过来，力道越来越大。刚开始，我以手掌相迎，后来渐渐招架不住，改为以枕头抵挡，仍然被打得像被炮击一样。

不得不承认，小家伙的拳头很有劲，而且斗志旺盛。几分钟喘息后，他再次进攻，很像一个不服输的豹子。哲哲妈曾代我出战，结果没两分钟被打得落花流水，不得以我只好再次出马。

想着要不要给他买一个拳击手套或者沙袋，后来作罢，毕竟面对面迎接他的挑战更有意思。抽空上网学习了打拳教程，再次对决时，教他脚步的姿势、发力的时点、双拳的配合以及如何观察对手。未几，小家伙的战斗等级又提升了。

像蒲公英一样飘飘降落

等到雾霾不重，我就带哲哲到户外活动，教他做降落伞。

这是我小时候爱玩的游戏，剪一块正方形的塑料薄膜，在四个角各系上长度相等的细线，另一端系在一起，挂上一个稍微重一点的螺母，就大功告成了。

和哲哲一起动手做。他的小手有点笨，感慨这一代小朋友锻炼机会少，想当年自己用纸糊风筝，三下五除二就完成了。小降落伞完工了，他很兴奋，迫不及待要求去试飞，骑车带他到奥林匹克森林公园东门的小广场。

高高抛起，下落时塑料薄膜自动打开，像蒲公英一样飘飘降落。首飞成功，小家伙直蹦高，一次又一次地往高处扔，快乐无比。那种热烈的情绪也感染了我，让我依稀回到三十年前村小的操场——蓝天白云下，一个哲哲这般大的小朋友，乐此不疲地飞着自己亲手制作的降落伞，眯着眼睛，看它一摆一摆地落下。

我今天很有成就感

回来路上，看到有朋友玩蛇板，哲哲觉得很刺激，也想买一个来练习。

买来后，哲哲不太熟练，怎么滑也滑不好。我上去试滑，也不得要领。后来，扶着他，鼓励他，练了一个晚上，但收效不大。隔一天，哲哲央求又去滑。数次失败之后，他可以滑行几米。跌了几跤后，终于能够独立滑行几分钟、十分钟，乃至几十分钟了。

"爸爸，滑蛇板太好玩了，简直比电脑还好玩。"成功后的哲哲兴奋至极，又蹦又跳。我告诉他，这叫成就感。他问："爸爸，什么是成就感？""成就感，就是战胜自己、取得成功后的感觉。""嗯，我今天很有成就感。"接着，他问我："爸爸，你最有成就感的事是什么啊？"

我想说当初考研成功让我感觉人生从此与众不同，但看着哲哲汗津津的小脸，脱口而出："爸爸最有成就感的事是有你这样的儿子。"的确，相比起有一个热爱生活、充满阳光的孩子来说，曾经的金榜题名就变得微不足道了。

一、二……开始

晚上去北师大踢球。到了操场，碰到几个也爱踢球的小朋友。

开始踢之前，哲哲嗓门颇大，俨然主教练的架势，举手示意几个比他还小的伙伴："请听我说，我说三件事，一是足球只能用脚，不能用手；二是不许打人，尤其是不能打脸……"然后喊了一声"开始"，第一个朝足球冲去。

规矩定得真有意思，但纳闷为何没了"三"，明明说了"三件事"嘛。看着几个小男孩兴奋地抢球，感觉整个操场都弥漫着无边的童趣，我也忍不住加入战团，霎时年轻得像当年的阿根廷球星卡尼吉亚——那个绿茵场上的"风之子"。

跟孩子在一起，我们也变得年轻，一如老子所谓的"复归于婴儿"。所以，多陪伴孩子，不只是给孩子更多的关爱，还是让我们重新回到小时候。

沙画中的成长

周末，哲哲妈带哲哲玩了一次沙画。看哲哲喜欢沙画，哲哲妈出手 400 大元，给他买了一个沙画台。安装完之后，哲哲很兴奋，挥毫泼沙。让哲哲妈意外的是，哲哲对沙画很专注，很有耐心，为了画好一棵树，他花了近一个小时的时间。

后来，读到哲哲写的作文《沙画中的成长》。文中写道："成长中的事情犹如满天的繁星，有的大，有的小，但教会我们的意义各不相同。现在我就为大家讲一讲我生活中的一件事：画沙画……"结尾处写着："虽然，成长中的成功很多很多，但每一个成功，我们都要用努力和汗水细心去浇养。到了最后，一定会收获很多深刻的道理。"

当天晚上，下载了沙画 APP，我和哲哲一起走进奇妙的沙画世界，因为我也想收获"深刻的道理"。

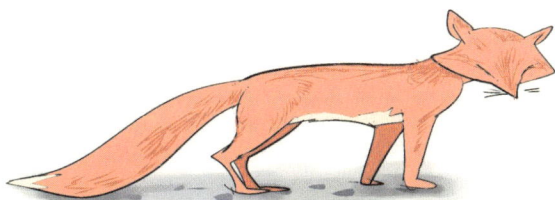

狐狸先生可千万别去儿童图书馆啊

那里的书都是我爱看的

哲哲喃喃自语："狐狸先生可千万别去儿童图书馆啊，那里的书都是我爱看的，吃光了我就没有了。"爱书的孩子，心地一般都很柔软，流露出来的总是纯纯的善。

艺术小能手

起个厉害的名字

其实，哲哲从小就喜欢画画，没事就会画点什么，多数跟他当时玩的东西有关。

"植物大战僵尸"流行时，他在一张白白的纸上勾勒出地刺的轮廓，是游戏里的地刺。花花绿绿的，无论外形还是色调，都很酷很逼真。得到表扬后，哲哲让我帮忙起一个厉害的名字。

"叫超级地刺，怎样？""不行，不够吓人。""那叫超级无敌地刺？""也不行，爸爸，你知道吗，什么无敌啊叫得太多了，没创意。"绞尽脑汁也不知道什么名字让人闻风丧胆，突然想起了周星驰的电影《功夫》，梁小龙饰演的角色很牛，告诉哲哲："叫火云邪神超级地刺王，不错吧？""还行，这样吧，就叫火云邪神暴怒地刺王。"然后，在画作的一角端端正正地把这几个字写上——敢情在小家伙的心里，暴怒才令人心惊胆战。

暴怒的确很恐怖。记得有一本图画书，叫《一生气就大喊大叫的妈妈》。因为妈妈的暴怒，孩子被吓得四分五裂：脑袋去了宇宙，肚子去了海洋，眼睛跑到山顶，两腿留在沙漠……尽管最后妈妈把各个部分重新缝合在一起，但缝合的印记却永远留下了。爱发脾气的老爸老妈们，尽量别暴怒，因为那是孩子认为最最恐惧的事。

那样显得你更帅

我的单位座位上贴了一张哲哲的画——那是他在家里画的，内容是一个满头大汗的虬髯客在篮球场上飞奔。我很喜欢，带到单位。

加班带哲哲到单位，哲哲看到画后说："爸爸，有点遗憾啊！""什么遗憾？""这幅画，我应该把你画得更帅气一点儿，画你把篮球狠狠地扣进篮筐就好了。""为什么呢？""因为那样显得你更帅，像那个飞人乔丹一样。""现在这样就很帅了，爸爸很喜欢。""不行，你一定要再帅一点儿。"说完，他拿过铅笔和纸，在小桌上又画起来。

没一会儿画完了，画面中的"我"的确更拉风。我郑重地把它和原来那张放到一起，想着无论走到哪里都要带着这两幅画，因为它们不仅仅反映了哲哲的绘画技巧，还代表着他对我的一片情意，让我知道有个小家伙那么崇拜我。

一个优秀的插画师

周末，我编校日本图画书之父松居直的《我的图画书论》。书中写到，作者鼓励两个孩子动手制作图画书。看哲哲很无聊的样子，引导他也画一本自己的图画书。

苦于找不定题材，哲哲找我帮忙，我拿来童趣出版社的美绘版《伊索寓言》。看着看着，哲哲有了灵感，也要写一个系列故事。一个下午，故事一和故事二出炉了。故事一讲的是一个农民赶着一只鹿和一头牛，驮着货物去集市。半路，小鹿驮不动，请小牛分担一点，小牛不同意。主人见小鹿气喘吁吁，就分了小牛一点货物。这下轮到小牛吃不消了，转而跟小鹿商量匀一点，遭到拒绝，最终小牛被累得两眼昏花。哲哲最后得出的结论是：善有善报，恶有恶报。

故事颇有创意，绘画技巧可圈可点，尤其是眼神，高兴时两只眼睛弯弯的，劳累时眼睛打了一个叉，筋疲力尽时眼睛一圈圈荡开去。感慨于儿童寥寥数笔，就能刻画一个人或一个动物的心情，我依稀看到了一个优秀的插画家。

你是我最亲近的人

不久后，海淀区举行绘画比赛，哲哲报了名，放学后花了很长时间画画。

主题是未来科技。他画了一个小女孩踩着飞碟遛狗，一个小贩沿街兜售昆虫，一个可以自我剪裁、不用人工打理的盆栽，还有一辆时空列车从黑洞里穿越，载来异乡的旅客……我的评价是各个部分虽好，但没有串联起来，差那么一点意思。小家伙听后有点生气，直言不想参加了。我有点不理解："宝贝，你不能因为一点批评就放弃吧。"等心情平复，他回答我不高兴的原因："爸爸，你是我最亲近的人，你都说不好，别人说好我觉得也没意思。"

原来他非常看重我的意见，于是我又安慰他，提出了一些修改建议。这回他很积极，三下五除二修改后，问我："爸爸，这回怎么样，能得奖吗？""得不得奖不重要，重要的是你有独立思考以及不断在改进。"唠叨完，感觉差点意思，转而给了他一个大大的拥抱。

这样才能吹出声音

哲哲三年级上学期，学校管乐团招募新学员，哲哲本来被选作次中音，但他喜欢小号，因为他"想成为《吹小号的天鹅》里路易斯那样的人"。于是经过老师同意，成了一名小号手。

每天放学，除了写作业，小家伙还要练习小号。练完了，他要教我吹小号。我按照哲哲老师的要求，鼓起腮帮子，使劲吹，根本没有美妙的韵律传出来，两腮倒是疼得厉害。他在一旁笑我："原来你真不会吹小号啊！小号呢，不能鼓腮帮子的，要让嘴唇颤动，这样才能吹出声音，你看我……"小家伙嘟起小嘴，极有范儿地教我。

在哲哲老师的指导下，我吹出声响，又在我吹气时由他按键，吹出了一点韵律，蛮像那么回事。被哲哲表扬，第一次学已经很不错了。刚想窃喜，他说起学费的事："爸爸，这样吧，咱们一周学两次，每两次呢，给我买一支雪糕，就是你昨天给我买的红豆沙也行。"看哲哲老师教学认真、负责，有耐心，讲方法，而且学费也不贵，索性成交。

我决心打起十二分精神，和哲哲并肩走在学音乐的道路上。

架子鼓

跟一位搞音乐教育的朋友聊天，告诉我孩子学音乐最好学两样乐器，这样触类旁通，进步更快。

我是音乐盲，朋友的话有道理，于是跟哲哲商量是否愿意再学点什么。小家伙没反对，颇有范儿地回答道："那就学架子鼓吧，因为在一堆鼓面前叮叮当当一顿敲，很拉风。"抽空，我带哲哲在某钢琴城试听了一次架子鼓课，下课后他告诉我："爸爸，老师说我很适合学架子鼓，因为我比较踏实，也比较谨慎，架子鼓能让我变得更有节奏感，更重要的是变得自信。爸爸，你说她是不是会魔法，一下把我看透了呢？""那你喜欢这个老师吗？""当然喜欢了。""喜欢就好，我们开始学吧。"

上课的时候，他主学，我陪听，发现田老师娓娓道来，的确很有经验。我有一次因为出差了没陪听成，刚到家，哲哲就给我上课，说是田老师要求的。于是，听哲哲老师讲："打鼓的时候，小腿、大腿与躯干成三个九十度，发力、平均运动、控制，这在架子鼓学习上叫同步，同步之后是组合，右手和右脚的组合是 A，右手和左手的组合是 B……"哲哲讲得很认真，都说最好的学习是把学过的知识再教一遍，这个田老师不仅让小家伙学进去还能教出来，不一般呢。

那时候我还小嘛

每周三周四下午，哲哲所在的管乐团训练，五点半才放学。周四接他时，不见那熟悉的身影。过了好久，才见他笑容灿烂地跑出来，一问才知训练结束后，他打了一会儿架子鼓，太投入，忘了时间。

"爸爸，在真鼓上打太爽了，几个同学还说你不是吹小号的吗，怎么架子鼓打得这么好？爸爸，要不买个架子鼓吧。老师也说可以买一个真鼓，哑鼓有点施展不开了。""买是可以买，我就是担心买完了架子鼓跟那个沙画台似的，成了占地方的摆设。""爸爸，不会的，那时候我还小嘛，不懂事，不珍惜，现在我会加倍努力的……"

我答应哲哲如果他每天认真练习，十月底之前买一个，虽然要花一万元左右的银子。忽然发现，小家伙似乎有点脱胎换骨的意思，期待一个超牛架子鼓手的诞生。

什么是好的教育

哲哲的架子鼓每天练习着，渐入佳境。

从老家回来的第一堂课，练习结束，哲哲告诉我："老师说，可以考虑买个真正的架子鼓了，因为哑鼓的面太小，达不到练习效果……"我答应他最近就给他买一个，而且买一个好一点的，并开始在网上搜索靠谱的店家，最终圈定雅马哈DTX532系列。

"这不是真的吧？"哲哲脸上露出惊讶的表情，"爸爸，说做就做，你也太好了，你这样的爸爸真是太少见了。成成同学他爸答应给他买个PAD，都一年多了还没买，你这说买就买，太……我都不知道该怎么表扬你了。""你多努力就好。"摸摸小家伙圆圆的头，我脑海里突然浮现出小学三年级班主任李老师被调走之前，也是这般寄语我。

什么是好的教育？好的教育就是为孩子的成长铺路。即使哲哲未来成不了一流的架子鼓手，但至少在业余时间，他还是愿意在架子鼓前敲敲打打，就是一种收获吧。

爱无所不在

比较幸福与非常幸福

2012 年六一儿童节前,哲哲班的家委会进行了一次"儿童节,听听孩子怎么说"的问卷调查。

关于幸福,大部分孩子写的是一家人团圆,与爸爸妈妈在一起等。一个很调皮的小朋友写的是,幸福就是猫吃鱼,狗吃肉,奥特曼打小怪兽。哲哲听了同学的回答哈哈大笑。问他什么是幸福,他说一家人在一起,每天吃一个小布丁,就是比较幸福。问他:"才比较幸福?那你觉得什么是非常幸福呢?"告诉我:"非常幸福,当然是每天吃一支冰淇淋啦!"而后的几天,放学后,我俩都走进 DQ 店,买上两支冰淇淋,他一支我一支,坐在外面的台阶上,一边吃一边留心街中每个人。

那一刻,我也依稀触摸到了幸福的质感。

再来一首《鲁冰花》吧

许是被幸福萦绕着,送哲哲上学的路上,我经常哼着歌。

坐在身后的哲哲听完,总是大声鼓掌,还问是否可以点歌:"爸爸,唱一首'五星红旗,你是我的骄傲'吧!"唱完了,又要求:"再来一首《鲁冰花》吧!"我"啊啊啊——"地唱完,他又来:"爸爸,那个我要找爸爸那个,我也特别爱听。"还没唱完"我的好爸爸未找到,如果你看到他就劝他回家——",学校就到了。

回去的路上,细品哲哲点的歌,先是爱国,后是爱家,再后是爱爸爸,还很有意思。不过，中国人往往喜欢把最好的东西放在最后。如此看来，我还是一个颇受哲哲欢迎和爱戴的爸爸。于是，在川流不息的大街上，我又高唱了一遍"我要我要找我爸爸，无论走到哪里都要找我爸爸——"

有爱的大暖男

第二天早上，哲哲看姥姥准备的是米粥和土豆片，觉得太素，转身从冰箱拿了一个鸡蛋，做了一个煎蛋，还冲了一碗味噌汤。然后，坐在餐桌前，津津有味地吃起来。

哲哲妈以前总是觉得哲哲还小，动手能力差，不会照顾自己。从这天早晨哲哲的举动，想必明白了以前的担心都是多余的。小家伙不知不觉间已经长大，不仅能照顾自己，而且还照顾得很好，俨然是个懂得享受的美食家。

自己吃饱了，小家伙又冲了一碗味噌汤，煎了一个鸡蛋，我以为他还要享受美味，没想到是给妈妈做的。哲哲妈被感动了，直呼哲哲是个有爱的大暖男。我也觉得哲哲符合暖男的定义，就像一天晚上我俩对打，不小心将他弄疼了，也不见他发火，反而关心我有没有受伤，我内心瞬间融化。

睡不着的时候瞎想，自己没有培养出一个天才的科学家，没帮助哲哲走专业的艺术之路，似乎有些不合格。但转念又想，哲哲心中有爱，热爱生活，心里有着幸福感，也许这些就足够了。

太奶奶活到 300 岁

2012 年 8 月，我休假带哲哲去了哲哲妈的老家。

我俩抽空看了哲哲妈 88 岁的奶奶，也就是哲哲的太奶奶。在太奶奶家，哲哲玩得很开心。回来后，他悄悄地对我说："爸爸，我想太奶奶活到 100 岁。"过了一会儿，又加了一句："我希望我爱的人都活到 100 岁，不对，是 300 岁。"心想，300 岁，那岂不是都成了老妖精了！我嘿嘿一笑，告诉哲哲："你的话让我很感动，我们一起争取活到 300 岁。"

生命有限，但爱是永恒的，愿所有的父母与孩子见证天长地久。

如果时光可以倒流

关于爱之永恒，想起在《人民教育》杂志看到的一篇文章，那是儿童文学作家程玮写的。她在文中说："如果时光能够倒流，如果能够回到从前，我一定毫不犹豫地选择做一个全职妈妈。我会让儿子每天回家的时候，都有妈妈为他开门。我会为孩子的生日精心制作蛋糕和各种布丁，让孩子的小伙伴吃得欢天喜地。我会每天晚上在温暖的灯光下，端上几个热气腾腾的家常菜，全家人围坐在灯下，一边吃饭，一边聊天……"

文尾的一句话更是深深打动了我——"爱孩子，就把你的时间送给他，用你的一生，伴随他一程。"

对照着程玮的话，联想起多年来对家庭和哲哲的付出，虽然没有生出多少愧疚，但还是想着给哲哲更多的爱，走好人生"这一程"。

用宝石买大房子

2013年元旦那天，问哲哲的新年愿望。他回答："我有很多愿望，我想像鸟一样飞，我想有三千三百颗宝石，我想不用努力就能考两个一百分，我还想买很多书和一个长长的沙发。""你要宝石做什么啊？""当然是用宝石买大房子啦，给爷爷奶奶，还有你和妈妈住。""我不是给你买了很多书，为什么还买书？""不是，我是想给别人看，买沙发就是让小朋友们都能坐在沙发上，舒舒服服地看书。"

哲哲的愿望让我看到一颗博爱的心。那一刻，我也许下愿望——我的愿望就是帮助哲哲实现他的愿望。

梦幻

元旦后的一天夜里，北京下了一场很大的雪。

听说郊区的雪下了有一尺多厚，车辆无法上路，步行都很困难。城区的雪其实也不小，到处一片白茫茫，一片银装素裹的世界。房顶上、树上、汽车上都挂满了雪，在阳光照射下，映出别样的光彩，很像吉林市的雾凇。

怕迟到，早早走路送哲哲上学。看到雪，小家伙一下子兴奋起来，又是搓雪球和我打雪仗，又是在雪地上写写画画，玩得不亦乐乎。结果，兴奋过头，迟到了。

让我难忘的是，哲哲走出家门说的一句话：彼时的他望着银装素裹的白色世界，完全是一副萌萌呆呆的表情。沉默几秒钟之后，他深吸一口气，感叹一声："梦幻啊！"一个"梦幻"，让我永久记住了这个冬日。

看节目有所思

小恐龙要看电影

哲哲和许多孩子一样，从小就爱看动画片，从《小鲤鱼历险记》《虹猫蓝兔七侠传》，到《喜羊羊与灰太狼》《哪吒传奇》，看得认真，主题曲哼得也蛮像样。于是，赶上《喜羊羊与灰太狼之开心闯龙年》电影上映时，就带他去看。

小家伙很兴奋，还特意带了他喜欢的处女圣龙，理由是："它也喜欢看电影，而且它那么可爱，不带它去多可惜啊！再说，它不用买门票！"于是，我俩还有处女圣龙，顺利进场，度过了一个多小时的快乐时光。

散场回家时，哲哲发现处女圣龙少了一个零件，于是哭天喊地，让我去找。我在电影院等到保洁员打扫卫生的间隙，趴在地上找了很久也没找到。后来跟哲哲沟通好，注意保管好玩具，等他下一个生日，再给他买一个处女圣龙的好朋友——光明圣龙。之所以花了时间这样做，是因为我知道童心都渴望完美，就像谢尔·希尔弗斯坦《失落的一角》里所描述的那样。面对孩子的小小要求，我们没理由拒绝，哪怕累得满头大汗。

功夫熊猫

几天后，又带他看了《功夫熊猫2》。

想起看《功夫熊猫1》的时候，小家伙还不到3岁，90多厘米高，免票。担心他闹着中途退场，一边看电影一边留心他的反应。结果还好，他笑着过了一个多小时，惊讶于小小孩儿竟能理解那么多剧中的包袱。

看第二集时，哲哲独自坐在宽大的座位里，脖子和那个仙鹤王爷一样，伸得长长的。笑声不断，完全投入剧情。走出电影院，明显意犹未尽，问我："爸爸，第三集什么时候演呢？""这个我可不知道，得问好莱坞的叔叔和阿姨。""那你跟什么屋的叔叔阿姨说一下，让他们快点吧，我都等不及了。""嗯，好的。其实，我也想早点看到第三集呢！"

就像《童年》那首歌里唱的，"诸葛四郎和魔鬼党到底谁抢到那支宝剑"，回忆起自己的小时候，和罗大佑一样，脑子里也有很多疑问，比如很想知道《花仙子》里的小蓓是否找到了七色花，想知道《恐龙特急克塞号》里的阿尔塔夏是否回到自己的故乡，想知道21世纪真的像克塞号里说的那样吗？

美好的事物都值得期待。所谓成长，很多时候就是一串长长的期待。让我们和孩子一起，静候岁月的答案吧。

那么老了还当宝贝啊

那段时间，正赶上北京台热播赵宝刚导演的电视剧《北京青年》。哲哲的姥姥喜欢看，几乎一集不落，我有时也看几眼。

其中有一情节：何西消除了丁香对自己的误会后，很动情地对她说，你永远都是我的宝贝。何西那准熟男的眼神，深深打动了我，于是转过头，对哲哲妈和哲哲说："你们也都是我的宝贝。"哲哲即刻提出不满："什么？妈妈也是宝贝？"哲哲妈有疑问："怎么啦？我为什么不行？"小家伙振振有词："因为，因为你都当妈妈了，都那么老了，还当宝贝啊！"

看来宝贝不是谁都能当的，尤其是不能在儿童面前抢当"宝贝"。

只属于我俩的时光

鉴于《霍比特人：史矛革之战》比较精彩，《霍比特人：五军之战》上映的时候，我带哲哲去看。

电影很精彩，看的时候，哲哲很专注，一边看一边小声跟我交流，还好周围没有其他观众。到了甘道夫被营救那段，他一下子用手捂上眼睛，钻到我的怀里，因为"这段气氛有点吓人"。过了这段，他重又聚精会神。

散场后，我问他害不害怕，他告诉我不害怕。回到家，又绘声绘色地给哲哲妈讲述五军之战的精彩片段，如都有哪五军、半兽人怎么被打败的，等等，像极了自己小时候看完露天电影后迫不及待地与别人分享的样子。

等有适合哲哲看的电影上映了，还是想带他去电影院，大人和小孩坐在一起，一起重温光与影的世界，那是只属于我俩的时光。

虫虫总动员

许是觉得有些电影不是特别适合孩子，我决定在家里看电影。

一个周末，哲哲想看昆虫方面的电影，于是找了一部《虫虫总动员》（a bug life），一部老片子，主题是一段昆虫的冒险之旅。我忙别的事，没陪小家伙一起看。等他看完，问他观看感受，本以为会聚焦于剧情，没想到说的都是电影里一连串的错误："爸爸，毛毛虫只有3对胸足，5对尾足，电影里的画错了；电影里，螳螂第二年又出现了，这不对，螳螂是活不过秋天的；真实的蚁后体形很大的，是工蚁的好几倍，电影的比例不对。而且，成为蚁后之后，它就再也不会走出巢穴的，都是工蚁来喂食的，电影搞错了……"

小家伙列出电影的"数宗罪"，让我很惊讶。不过我也疑惑，印象中毛毛虫是有好多条腿的，于是反驳他说得也不对吧。小家伙找来《博物》杂志，里面画着一张黑斜蝶的幼虫，真的像他说的那样八对脚，原来他真的是昆虫专家。

这个熊二，真够二的

电影看完了，哲哲觉得意犹未尽，一看时间，马上打开电视，原来到了他喜欢的动画片《熊出没》开播了。

这部国产动画片的主角是一对生活在东北丛林的熊兄弟。两兄弟虽然都是好吃懒做的家伙，但它们与森林里的小动物齐心协力，打败了伐木工人光头强和一心毁坏森林的李老板。哲哲边看边笑，还不时点评："这个熊二，真够二的。""我觉得你有时候就像熊二，没发现吗？""其实啊，像熊二也没什么不好。大咧咧的，什么都不放在心上，不会太悲伤。""那就没什么缺点吗？""缺点啊，就是太粗心，不长记性。""你都知道这些，那以后会有所改变吗？""当然会，不过没有那么快。"

我内心也希望哲哲认真生活、认真做事，同时保留那么一点大咧咧。在压力山大的现实前面，这也许就是获得幸福感的秘诀。

我不想当人类了

哲哲喜欢的动画片播完了，哲哲妈将电视调到喜欢的纪录频道。

上面播放的是法国纪录片《海洋》。看到捕猎者将鲨鱼的鳍割掉，又将之扔到海里，小鲨鱼扭动着流血的身体，哲哲转过头低声问我："爸爸，你说小鲨鱼会活下去吗？""不能吧，就像人没有了手和脚，怎么活啊！"哲哲顿时哽咽，说："爸爸，我不想当人类了。""宝贝，怎么了？""人类——太残忍了。"我不忍心看他伤心，告诉他："当人类也挺好的，你将来可以去保护这些鲨鱼，让它们自由自在地生活在海洋里。"这下哲哲情绪有所好转，继续往下看。

在这个世界上，最富有同情和怜悯之心的还是孩子。而善待童心，就是善待我们自己。

塑料球门

几天后，亚洲杯开战，和哲哲一起看。中国队表现很差，小组赛就被淘汰，我们很为国家队惋惜。我跟哲哲唠叨："门将是一个球队的最后一道防线，世界上优秀的门将像巴拉圭的奇拉维特、德国的卡恩、阿根廷的罗梅罗、墨西哥的戈耶切亚，都是身体素质、判断力、反应速度超好的，但门将也比较危险……"

还没说完，小家伙抢答："我知道，门将有时候为了救球会撞到球门的门柱，对吧？""嗯，是啊，还有跟对方球员抢头球的时候，也容易撞在一起。你看那个丹麦门将切赫，曾经是切尔西的主力门将，就因为救球和队友撞在一起，被撞成了颅骨骨折。"

没一会儿，哲哲说："爸爸，我想发明一个球门，是塑料做的，就像你给我的那个玩偶那种什么乙烯材料。要是球门不稳定的话，就在四个角安装一个固定器，这样球门就不会活动了。"我佩服哲哲的奇思妙想，更佩服想法背后为人着想的浓浓爱心。如果此建议国际足联主席能慎重考虑，付诸现实，那该是门将之福吧。

当好倾听者

才怪

哲哲很小的时候，总把"才怪"挂在嘴边，他这大喘气让人有点受不了。

有一次，哲哲妈下班刚到家，哲哲就大声说："妈妈，你是最令人讨厌的、最没有同情心的、最好吃懒做的妈妈——"哲哲妈听到如此恶评，脸色一下子变了，伸出手来就要动手。哲哲接着吐出一句"才怪"，搞得妈妈不知怎么办好。

前车之鉴，哲哲再批评我时，我常常问一句："没有'才怪'？"做父母的，应该听孩子把话说完，尤其是面对五六岁的小朋友。

咱俩是聊蜜吗

由于我常常自省保持倾听的姿态，哲哲特别爱和我聊班里的大事小事。

一天下午接他放学，一看见我，他很快乐地告诉我："爸爸，我和阳阳同学成为聊蜜了。""什么？聊蜜？""这你都不知道，聊蜜呀，就是聊得很甜蜜的意思。就是说，我和阳阳同学成了非常好的朋友。""哦，这样啊。那咱俩是聊蜜吗？"哲哲看了看我，有点狐疑："你让我开心就是聊蜜，不开心就不是。"原来成为聊蜜，是有前提的。

剧本

哲哲沉迷"我的世界"时，和他的"聊蜜"阳阳，还有同学成成，建立了一个公司，起名方块仙境，一个负责总策划，一个负责运营，一个负责技术。哲哲由于销售能力比较强，担任了公司 CEO，还为公司构思了一个新故事——《斯蒂夫的冒险》。

我对故事很感兴趣，某晚卧谈会，趁哲哲高兴，请他复述了一遍梗概。小家伙娓娓道来：城市人斯蒂夫在家里优哉游哉时，突遭绑架。在飞机上，他急中生智，抓住行李箱，跳下飞机逃脱，掉进一座沙漠。走着走着，见一村庄，村民不能说话，原来是被女巫施了魔法。斯蒂夫只有过了村口的一座沙桥，魔法才会解除。但沙桥一旦踏上去，就会掉进下面的岩浆。斯蒂夫突发奇想，找到一瓶敏捷药水，具有了瞬间移动的能力，拯救了村民。他继续上路后，来到一个三岔路口，一个通往城市，一个通往森林。斯蒂夫选择了城市，但昔日繁华的城市暴发病毒，市民们都成了僵尸。斯蒂夫逃亡之际，一堆萤石冥冥中指引他走出了城市，还救了一个小女孩。而女孩手里正好有一张地图，上面标着自己回家的路，一次曲折的返乡之旅就这样开始了……

听哲哲绘声绘色地讲他那长长的故事，感觉就像看一部美国大片，紧张、刺激、惊险、悬疑、意外，险象环生，一波三折，几乎具备了高票房电影的所有要素……想着，假如方块仙境能将之变成现实，做成产品，估计很受欢迎，那时候我就不必码字为生了吧。

爸爸是个好听众

为了让哲哲不沉迷游戏，跟他约法三章：每天看一小时的书，练一小时的小号，进行一小时的户外运动，完成这些才能玩游戏。如果我在家，陪他去附近的广场或投篮，或踢球，晚上继续讲历史故事。只是吹小号这事，由于我一窍不通，只好由他自己练习。

意外的是，练小号哲哲也拉着我，还夸奖"爸爸是个好听众"。问他为什么，

快来看，我捉到了1只蜥蜴

见小蜥蜴游走得越来越远，哲哲才放心地去欣赏沙漠里的落日，眼睛里满是光芒。

他告诉我:"你啊,每次都认真听我吹,很有耐心,而且经常和我探讨音乐知识,所以啊,有你在,比我一个人吹感觉好多了。"其实,我也没做什么,只是问问他各种音乐符号代表什么意思,或者曲子与曲子的不同,没想到无意的交流给他留下很多美好的感觉。

由此想到,父母要有意识地当好听众,多听听孩子的想法,适当给予鼓励和鞭策,这样小宝贝们才能重拾前行的动力。还有一点,父母要珍惜和孩子一起学习的机会,多了解一点知识,打开视野,可以有更多共同话题,早日成为"聊蜜"。

给爸爸出题

小鸟戴钢盔，打一个字

哲哲除了喜欢让我听他说这说那，还爱给我出题，小学一年级那会儿，我经常被考。

例如，有一天，哲哲的家庭作业是看图写字，太阳白云下有小河和鸭子，写动物名字。写着写着，他问了一句："爸爸，甲加个鸟是鸭子的鸭，对吧？""对！"转而，他对我说："爸爸，我给你出个谜语吧。""什么谜语？""一只小鸟戴钢盔，打一个字。"小鸟戴钢盔，这是哪跟哪啊，想了半天也没想出来，只好请求告知答案。哲哲很镇定："你呀，真笨，几个小时前我还问过你呢！"

我恍然大悟，原来是"鸭子"的"鸭"字，他真有想象力。哲哲不仅有很强的形象思维能力，还很会现学现卖，儿童也许就是这样玩着玩着就成了无所不知的大专家。

答对了才开门

第二天因为加班，很晚才到家。敲了几下门，只听哲哲噔噔噔的脚步跑过来，却没有立即开门，而是卖起了关子："你是谁啊？""我是爸爸！""爸爸？真的是爸爸吗？""真的是！宝贝，快开门吧。"

小家伙还是没有开："不行，我得考考你，答对了才开门，答不对说明你是坏人，不是爸爸，不能开。""好吧，出题吧。""你说，我爸爸最爱吃什么？""饺子。""嗯，答对了，下一道，你说我最爱吃什么？""冰淇淋。""不对，答错了，再给你一次机会。""那是披萨和培根土豆浓汤吗？""恭喜你答对了！"

门咔嗒一声打开，一张嫩嫩的笑脸露了出来。

搞怪的天性

睡前的故事时间，哲哲爱搞怪的天性又冒出来。

小家伙问我："爸爸，你说为什么有的人没有病，却总是给它们吃药呢？""谁这么没常识啊，这不是南辕北辙吗？肯定没有这样的人。""嘿嘿，爸爸，你说错了，真有这样的情况。""难道是哪个不肖子孙？""不对，答案是老鼠。你看，老鼠就是没病，而人类却每天给它们吃老鼠药。"哦，原来如此。再一想，他肯定是受《老鼠记者》的启发。

过了一会儿，问题再次袭来："爸爸，你说什么书没有卖的？""什么书啊，是书就有得卖吧。要是不卖估计是国家图书馆里的古装书。"哲哲表示不对，随即公布答案，是"秘书"。问他怎么想到的。他洋洋得意："我们啊，因为我们刚学了《小摄影家》的课文，里面的高尔基就有一个秘书。"孩子越来越聪明了，我们可不能越来越笨啊！

爸爸，考考你

也许是把我难住让他很有成就感，哲哲继续出题："爸爸，你说我最喜欢的两条腿的动物是什么，四条腿的是什么，没有腿的是什么？"想了一会儿，回答他："两条腿的是恐龙，四条腿的是蜥蜴，没有腿的是鱼。""哈哈，爸爸，你猜对了一个。""啊？才一个，那正确答案是——"小老师一板一眼地说："四条腿的是鳄鱼，没有腿的是蛇，两条腿的是爸爸。"在他嘿嘿嘿的笑声里，我有一丝被调戏的感觉。

过了一会儿，哲哲又说："爸爸，再考考你，鳄鱼不吃一种鸟，你猜猜是什么鸟？""鳄鱼凶狠成性，还有不吃的鸟吗？""你呀，真笨，是牙签鸟。鳄鱼吃饱了，就张开嘴，让牙签鸟吃它嘴里的残渣，它们是好朋友。在自然界，这叫同生。""那叫共生关系！"小老师虽然偶有讹误，但总的来看还算诲人不倦。家有小老师，父子共成长。

是一种生活用品

意犹未尽，小家伙又出了一个谜语："爸爸，有一根小骨头，一根线，你猜是什么？""双节棍！""不对，我还没说完呢。就是弹簧线还连着一个小机器，上面有10个数字。""哦，那一定是能计数的双节棍。""不对，是一种生活用品，猜不出来吧？"想了好一会儿，也没想出来。最后，哲哲告诉我是——电话。

把电话当成了小骨头，我可是从来没有想过的。突然感觉，也许成人与儿童最大的差距不在于思维能力，而是对熟视无睹的事物天马行空的想象。

什么东西不能放冰箱

北京一到夏天，天气变得特别热。看哲哲喜欢雪糕，于是批发了一堆放在冰箱里。自己想熬夜看欧洲杯，也买了一些饮料。看我把东西放好后，哲哲开始考我："爸爸，你说什么东西不能放冰箱？"我想了半天，憋出一个答案："臭豆腐吧！"他哈哈大笑："错了，是香蕉。姥姥说如果把香蕉放冰箱里，一会儿就会烂掉。你啊，还说自己是天才呢！"

上了30多年的学，从未有老师告诉我这一常识。被哲哲鄙视之余，心里想着父母们还应活到老，学到老，否则会被孩子耻笑我们太无知。

一卷纸有多长

放学回家的路上，小家伙一个劲儿催我，原来憋不住要上厕所。一进家门，他把书包往地上一扔，直奔卫生间。出来后，一副很放松的表情，还给我出了一道题："爸爸，你说一卷卫生纸有多长？""我不知道，要不咱们量量？""爸爸，姥姥会不会说我们啊。"说完还学着姥姥说话的腔调。我告诉他："不会的，就说我们在学习呢。"

打消了疑虑，我们开始动手测量。"宝贝，你说咱们怎么量呢？""这样吧，咱们先量一下客厅的长度，然后把卫生纸来回滚，看有几个长度，一乘就算出来了。""这样啊，还是你聪明。"忙活了好半天，结果出来了。

你们知道一卷卫生纸的长度吗？想知道结果的话，跟孩子一起动手量量吧。

你看电是有重量的

量完卫生纸长度，想起没给电动车充电。

见我给电池接上电源，哲哲突然问了一句："爸爸，你说电有重量吗？"这个问题我真没想过，至于答案如何，还是老办法，和哲哲做实验求证：把彻底没电的电池放在电子秤上，显示 3.7 公斤。第二天，充满电后，哲哲又量了一次。电子秤显示，3.8 公斤，告诉我："爸爸，你看，电是有重量的。"

虽然不至于有 0.1 公斤的误差，但电应该是有重量的。什么样的学习才是有用的、忘不掉的？有思考、有行动，用实验方法去解，也许是最好的途径。

爸爸真厉害

爸爸，你真是神啊

刚上小学的时候，哲哲不知道课间十分钟做什么。哲哲姥姥就做了一个沙包，让他没事的时候玩。

摆弄着哲哲的小玩具，想起自己小时候也爱玩打沙包的游戏，就像小学课文里写的那样，充满了乐趣。一时兴起，高高地抛起沙包，落下，再接住，反复几次。哲哲看得惊呆了，大呼："爸爸，你真是神啊！"我一时来了兴致，随手拿起半瓶矿泉水，如扔沙包一样杂耍起来，惹得哲哲连连赞叹。那一刻，我觉得自己是个明星，因为身边有个最忠实的观众。

父亲也好，母亲也好，试着做一回孩子心目中的神吧。

给我签个名吧

深秋已至，蚊子依然很多，哲哲身上总被咬得一片红包。于是，当爸的还多了一份打蚊子的重任。

一天，见一只蚊子嘤嘤飞来，我伸手一抓，将之斩杀。站在一旁的哲哲，飞快地从抽屉里拿出他练字的小本，一脸崇拜地看着我："爸爸，你太厉害了，求求你了，给我签个名吧。"

每个爸爸都应是孩子眼中的英雄。如果以前没当过，那么从现在开始努力，总有一天会成为孩子眼中的盖世英雄。

简直帅过头

晚上和哲哲散步，路过一家商场，赶上反季节促销，我买了一件色彩艳丽的羽绒服。

试穿后问哲哲："宝贝儿，爸爸穿这件衣服好不好看？"哲哲回答："你穿上这件衣服帅得有点惊人。"听后，我心花怒放。过了一会儿，哲哲又说："爸爸，你穿什么都好看，你是世界上最帅的人，简直帅过头了。"

帅过头了，是怎样的一种帅呢？一高兴，脱口说道："哲哲，你想干什么，我都答应你。""爸爸，我就等着你这句话呢！我们一起玩'植物大战僵尸'吧。"原来一切都是战术。

在孩子眼中，陪孩子成长的父母是最帅、最美的。而陪伴本身，也能让我们成为天下最帅。

你就像刚结婚的小伙子

被夸得很高兴，我突然灵机一动，对哲哲说："宝贝儿，你小时候爸爸就爱背你，今天我再背你一次，好不好？""不用，我长大了，不用你背了。"一弯腰，还是把哲哲背了起来。意外的是，我听到了哲哲的赞美声："爸爸，你真年轻啊，就像刚结婚的小伙子。"

被孩子一顿夸，我仿佛重回当打之年。

你就是一个大电池

第二天，骑电动车接哲哲放学，离家还有一公里时，电动车没电了。

开始奋力蹬车，像骆驼祥子一样。看我没一会儿就汗流浃背，坐在后面的哲哲大力表扬我："爸爸，你就像一个年轻的小伙子，真厉害，简直就是神勇爸爸，加油。"小家伙的鼓励把我美得不行，脚下似乎更有劲了，车轮滚滚，一路飞奔。

到家了，衣服湿透了，但一点儿不觉得累。看我高兴，哲哲笑嘻嘻地凑过来："爸爸，要不咱们以后不用电池了吧，我觉得你就是一个大电池。"

现在你成名人了

《真正的陪伴》出版后，拿了一本样书回家。

看到书时，哲哲的嘴都合不拢了，仿佛自己被评为三好学生一样。像模像样地翻了几下后，他拿出严肃中略带调侃的语气说道："爸爸，现在你成名人了。"听了这话，我有点儿心花怒放，但还是露出不好意思的表情。

"爸爸，你的书应该送给张老师一本。""为什么啊？""我想让张老师知道你很厉害。"接哲哲放学时，我让哲哲带给张老师一本——别人的评价固然重要，但我更看重的是满足哲哲的小愿望。

爸爸，谢谢你

晚上洗脚的时候，哲哲对我说："爸爸，你的书写得挺好！""什么书？""就是《真正的陪伴》，我今天看了一遍！""你觉得哪里好？""读起来挺不错的，就是啊，就是你把我写得太好了。""没有吧，我就是如实记录的，你本来就是一个好孩子嘛！"听到我的表扬，哲哲很温情地来了一句："爸爸，谢谢你。""不用谢我，到时候，你也像我记录你的成长一样，记录你孩子的童年就好！"他用力点了点头。

把哲哲的童年写成一本书，没事时翻看，我也仿佛看到时光倒流，岁月静好。

终究要放手

第一次离家的心情

四年级的暑假，我没给哲哲报什么补习班。问他假期想做什么，他告诉我想滑雪，于是给他报了一个滑雪夏令营。

等到开营的日子，他拉着用一下午时间准备的重重的拉杆箱，像参加一次漫长的旅行。把他送上车，然后挥手告别，他和十几个孩子的小手久久伸出车窗外。我突然有点担忧，毕竟这是哲哲第一次独自远行。

"我走在这条山区公路上，我像一条船。这年我十八岁，我下巴上那几根黄色的胡须迎风飘飘，那是第一批来这里定居的胡须，所以我格外珍重它们，我在这条路上走了整整一天，已经看了很多山和很多云。所有的山所有的云，都让我联想起了熟悉的人……"作家余华在《十八岁出门远行》里写活了一颗渴望看世界的心。想起自己独自上高中时，也是怀着忐忑而好奇的心。

晚上，在电话里问他第一次离家感觉怎样，说不怎么样，有点想我，有点遗憾忘记带书了，因为晚上没什么事做。我本想安慰他，却什么也没说出来。就像一首歌所唱的："走吧，走吧，人总要学会自己长大；走吧，走吧，人生难免经历苦痛挣扎。"小家伙总要长大，我们终归要放手。

我每天都很想你们

五天的夏令营很快结束了。接小家伙的时候去晚了，只剩他一个人和那个拉杆箱。

看到我，哲哲很高兴。路上，问小家伙有什么收获，他给我讲了许多见闻，如滑雪技术提高了，结识了几个新朋友，还互相添加了微信号，也对比了自己和其他伙伴的表现，最后总结道："爸爸，我发现很多同学都不爱看书，只爱玩 PAD。还有个小孩为了几毛钱就给人磕头，哎，没治了！对了爸爸，花千骨是什么啊？""花千骨啊，是一个电视剧吧。宝贝，那你此行最大的收获是什么呢？"

"最大的收获啊，还是知道跟爸爸妈妈在一起最好。你知道吗，我每天都很想你们。"这话让我很感动。到家后，哲哲拿出结业证书，把东西收拾好，还把小礼品送给了我和哲哲妈，然后走进他的房间，享受独属于他的空间。

其实，哲哲离开这几天，我也很想他。嘴上说着锻炼他，但心里空落落的，或许这就是为人父母的宿命。

自行车

夏令营回来就快开学了，哲哲吵着要一辆自行车，因为他想和同学一样，每天骑车上学放学。

以前担心他年龄尚小，控制不住；担心冬天太冷，不适合骑车；担心路途太远，路上不安全……种种担心的后果，就是买车的计划一再推迟。等到今年春暖花开的时候，他慢慢长成了一米五左右的小伙子，没有借口拒绝了，便给他买了一辆。

一开始骑车时，哲哲歪歪扭扭，有点不习惯，但去奥森练习几次，驾驭能力明显提高，在行人寥寥的路上骑得飞快，有时还跟我比赛，我竟有些跟不上。想起自己小时候也曾花了半个月时间，废寝忘食地去驯服一辆二八凤凰自行车，够不到车大梁，就偏腿式的一点点骑行，虽然摔破了衣服，摔坏了车，但还好学会了，也能骑出好远好远，呼朋唤友地去村外兜风，那种征服的感觉牢牢印在心底，至今难忘。

没多久他就骑得飞快。一天，和哲哲一起骑车去学校管乐团排练。有时，他在前面，我在后面；有时，我在前面，他在后面；有时，我俩肩并肩，聊着昆虫与书。我欣喜于小家伙一天天长大，越来越独立，也悻悻于那段骑着电动车送他上学的时光，就这样一去不复返，竟来不及搞个告别仪式——童年也许就这样无声地再见了。

给你留了三块披萨

骑车上学时，哲哲骑他的捷安特，我骑电动车帮他拿书包。

一次，他忘记带钥匙了，这就意味着锁上就没法当天骑回来。换作以前，我可能严厉批评他一顿，但现在我发现还是让他自己意识到错误效果更好，毕竟谁都有马虎的时候。问他怎么解决，回答说："爸爸，你把电动车放学校或者存在地铁那，骑我的车到单位吧。晚上，你骑我的车来，我们取电动车，一起骑车回家。"

安排得还不错。第二天周末，他自己去吃必胜客，我在家看书。等他回来时，见他打包了三块披萨，原来是"特意留给爸爸的，因为爸爸比较宽宏大量，忘带钥匙也没有批评我"。

将心比心，能宽容别人的错很不容易。那一刻，我觉得我和哲哲都在长大。

为什么你又不放心了

周末哲哲妈出差，我又不得不加班，不好带哲哲到单位，只好把他放在家里。

小家伙计划得很好：看完"哈利波特"系列的最后一集《死亡圣器》，再看一本《三国演义》的小人书，然后练习吹小号，再看两集《神犬小七》。中午的时候，问他计划完成如何，回答很顺利，自己还做了一个煎蛋，午饭也解决了，说完嘿嘿一笑，说："爸爸，你以前对我很放心，这回怎么不放心了？"

放下电话，想起每次给身在老家的老爸打电话，他总是叮嘱我注意身体，别累着，上下班注意安全，一开始总觉得啰里啰嗦全是废话，有点不耐烦，现在想来我和老爸都犯了一样的病——牵挂病。而这种无处不在的牵挂好像是无药可救的，因为父子之间都是一生也剪不断的牵绊。

铁哥们

我来给你按按风池穴

哲哲小时候是名副其实的小暖男。

在家写稿子，时间长了，感觉脖子特别疼，忍不住唠叨几句。哲哲听了，立刻凑上来，一本正经地说："爸爸，你低头，我来给你按按风池穴。"很惊讶他知道"风池穴"。问他怎么知道风池穴。告诉我，是来他们班示范眼保健操的大姐姐教他们的——脖子累了的时候，捏捏风池穴。"小中医"的小手在我脖子上轻轻捏着，有种享受专家门诊的感觉。

如果说闺女是父母的贴心小棉袄，那么儿子就是我们的保暖小马甲。

爸爸，你快回来呀

从2013年元旦开始，每周四晚上，我都到北航打篮球。

一天，打完球，哲哲来电，洪亮的童音传来："爸爸，你快回来呀，姥姥做了你最爱吃的饺子，芹菜馅的，可好吃了。"我拖着疲惫的身体回家。一进门，还没在沙发上坐好，哲哲就将姥姥爱看的电视剧频道换成了体育频道，然后笑嘻嘻地看着我："爸爸，你很累吧，看看天下足球吧。"

很多时候，我还不自信是否真的了解哲哲，但他似乎真的很了解我。

送书给爸爸

没一会儿，哲哲问我："爸爸，你说一个电视多少钱啊，200元够吗？""电视啊，200元只能买个二手的、小小的，两千还差不多。为什么问这个？""因为，等你老了之后，我想给你买一个电视。但是，两千块太多了，我没有那么多钱，只能给你买个二手的。"

"这样啊，可是我不喜欢看电视，还是买几本书吧。""好，那我给你买厚厚的几本书。""你知道吗？书不在薄厚，而要看内容，用心写的书就是好书。""嗯，那我给你买好书，一个星期买一本。对了，你不要你最喜爱的篮球了？""篮球啊，那时候是打不动了。"

老了打不动篮球，固然遗憾，但哲哲的一番话却让我向往晚年。

谢谢你给我一片快乐

周末，带哲哲去颐和园。回来后，和他一起吃马兰拉面，在明光桥南的那家店。

我要了一碗红烧牛肉面，他要了一碗拉面。在我们的"专座"（哲哲将门边靠窗户的座位称为我们的专座）吃得津津有味。我不免赞叹他的好胃口，一碗面吃得一根不剩，连汤也喝了半碗多。

走出小店，哲哲拉着我的手，说："爸爸，谢谢你给我的一片快乐！""一片快乐，多大一片？薯片那么大吗？""哪里有！至少有北京那么大的一片！"

那是好大的一片啊！我似乎看见快乐像二月的微风一样，呼的一下在空气中弥漫开来。

喜欢你没道理

转眼，学校组织运动会了。哲哲没有单项比赛，只有一项亲子活动。

那天，看了一年级的小朋友个个精神抖擞、英姿飒爽，很震撼。校园里也很热闹，到处是欢歌笑语。哲哲的心情也很好。中午放学后，商量好先吃饭，然后送他回家，我去上班。

哲哲不同意，想和我一起去单位。"爸爸还要工作，你就别跟着了。""不，我就是要跟着你。""为什么？""我，我喜欢你，没道理。"小家伙一着急，搬出广告词。

被人无道理地喜欢，真是一件幸福的事，也许这才是铁哥们。

你挺靠谱，是个好爸爸

运动会后，哲哲发现公交车站换上电影《哥斯拉》的海报，念叨着要看。

"爸爸，今天几号啊？""6月13号，怎么了？""啊？今天《哥斯拉》就上映了，咱们去看吧。""这电影是给大人看的，不适合小孩看，你不害怕？"说完做出怪兽张牙舞爪状，吓唬他。哲哲嘿嘿一笑："我才不怕呢，我就喜欢怪兽。""那行，等周日有空的时候去看。""一言为定。"哲哲很高兴，如拿到《海贼王》漫画那般欣喜。

周日还没到，哲哲就屁颠屁颠地靠近我："爸爸，跟你说件事呗。""啥事？""就是，你能不能先把票买了。""行。"答应得挺容易，可一忙就忘记了。等周日外出采访回来，到家都晚上6点了，浑身又累又乏，真想倒头就睡。

"爸爸，咱们看电影去吧！"哎呀，忘了这事，赶紧上网买票，饭也没来得及吃就出了门。在电影院里，哲哲看得聚精会神，高潮处索性坐在我的腿上，而我却第一次在电影院睡着了。散场后，他拍拍我的肩膀，说道："爸爸，你挺靠谱，是个好爸爸。"

那样才有情调

好久没和哲哲妈一起看电影了。

一个周末，告诉哲哲，你在家自己玩，我和妈妈看电影。哲哲不干："爸爸，带上我吧，我保证不打扰你们俩。而且，我还是半价呢？""不行，这是属于我和你妈妈的时间，下次带你吧。""那也行，对了，你们是看《狂怒》吧？"

我很惊诧："你怎么知道？""你忘了？咱俩看《星际穿越》，买票的时候，你还说什么电影挺好看的。我一想，《星际穿越》看过，你肯定不会再看一遍，估计就是看《狂怒》，我说得对吧？"说完，小脸灿灿然。

没想到哲哲还有当福尔摩斯的潜质。过一会儿，准备出发时，哲哲又凑过来："妈妈，你不用着急的，从家到电影院三分钟就够了。我建议，你们买个爆米花，那样才有情调——"一个"情调"从他的嘴里说出来，真的很有情调。

一群猪啊
开始飞呀

路上，阳光和煦，心情大好，我不自觉地哼唱《哈利路亚》。哲哲熟悉了旋律后，开始自编自唱："大青蛙呀，坐着荷叶，满天飞呀，吓得狗呀，撒腿跑呀，啊跑呀，啊跑呀……"高音处，还站了起来。刚开始没明白他唱的是什么，不一会儿明白过来，原来是《疯狂星期二》。于是，跟着哲哲一起唱："看见池塘，跳进去啊，第二天啊，一群猪啊，开始飞呀，啊飞啊，啊飞啊……"路上，尽是我俩肆无忌惮的笑声。那一刻，我们和大卫·斯威纳一样，都很疯狂。

第三篇
阅读，培育美善心灵

开卷有趣

爱情

2011 年 5 月，我参加《新语文读本》出版十周年纪念活动，经著名阅读推广人方卫平的推介，买了一本法国插画作家塞尔吉·布罗什的《我等待》。那时哲哲六岁多，还没上小学，很喜欢，央求多次读。

第二天，发现哲哲拿着图画书在给姥姥读："我等待放学，等待临睡前的亲吻，等待快快长大；我等待雨快点停下……等待爱情……"听着六岁的哲哲用他娇嫩的声音读着"爱情"这两个字，心里竟然有说不出的感觉。

后来有机会采访布罗什，告诉了他这一细节，得到会心一笑。采访结束，布罗什说他创作《我等待》，某种程度上是对生活节奏日益加快的现代社会的抵抗，希望人们的生活节奏慢下来，静下心来享受每一个日出日落，让等待变成生活和生命的一部分，在等待中品味幸福。我把这话转述给哲哲，小家伙又歪头沉思——是又在琢磨爱情吗?

爱情，就像你和爸爸一样

说到爱情，想起一个小插曲。我出差去外地时，哲哲妈负责给哲哲讲故事。哲哲妈讲了王尔德的童话《夜莺与玫瑰》，把哲哲感动得眼泪稀里哗啦。第二天，他特意把这本书拿到学校，与同学分享。哲哲妈说，这本书讲的是爱情，还不太适合你的同学看。但哲哲坚持带，因为"好书就是用来分享的"。后来，哲哲妈问哲哲：

"你们班同学看了吗，反应如何？"哲哲回答："有几个看了，都说很感人，很不错。"哲哲妈继续问："那你从这本书里都学到了什么，有什么感想啊？"哲哲歪头想了一会儿，说："我感觉啊，爱情很高尚。""那你觉得什么是爱情？""我觉得爱情啊，就像你和爸爸一样。"

当哲哲妈将这话转述给我时，我有惊喜感。一直以为我和爱人之间只有纷繁琐碎的油盐酱醋，哲哲却从中看出了我们的爱情。苏霍姆林斯基在《睿智的父母之爱》中如此写道：要记住，孩子最先是从你对妻子真诚的爱中受到教育的。一个好丈夫用爱为自己的家庭创造幸福。就像太阳的光和热能使玫瑰盛开一样，父亲的爱也能使孩子的品德变得高尚。

从明天起，我要更爱哲哲妈。

我是不是很有眼光

为了开阔视野，一有空我就带哲哲去西城区青少年图书馆借书。

因为是第一次去，哲哲很兴奋，选书选了很久，拿了三本书出来。接下来办卡，缴费，得知可以借10本，哲哲返回书架，又选了6本图画书，2本奥特曼，我帮他选了一本《天书奇谭》，自己小时候特别喜欢这部动画片。听说《走出院子的母鸡》口碑也不错，也推荐给小家伙。

捧着书出来，哲哲问我："爸爸，你觉得我选的书怎样？""嗯，还不错。""我是不是很有眼光？"表扬他："嗯，很有眼光，你就是伯乐。"小家伙乐得不行，坐在车上哼起了"我有一头小毛驴，从来也不骑"的小曲。问他为什么哼唱这首歌，他告诉我："你不是说我是伯乐吗，伯乐选驴最有一套了。"那是千里马好不好！不过，只要孩子喜欢阅读，伯乐是选马还是选驴，无所谓了。

一下午的读书时光

周末加班，哲哲嚷嚷着跟我去单位。

一上午，我工作他写作业。我忙事情的时候，他在我的电脑看期待已久的《海贼王》，给自己出了 20 道数学题，又画了几张画，折了几架纸飞机。像龙应台描述的回家路上走走停停的安德烈，他完全沉浸在自己的小世界里。

下午，又带他去西城区青少年图书馆借书。拿到《海贼王》的漫画后，小家伙就不想走了。和他商定三小时后，我到图书馆接他。他同意了。忙到快五点，我忙得差点忘了接孩子这回事。赶紧去图书馆，发现他还在原来的位置上静静地看书，手边堆了一摞书，有什么《装在口袋里的爸爸之颠倒沙漏》《哈利波特与火焰杯》《男孩与熊漂流记》，看来他读了不少书，一个下午很有收获。

美国诗人艾米莉·迪金森说过："没有一个人，能像一本书，把人带向远方。"循着自己的爱好，伴着这些好玩的书，小家伙已经上路。

十万八千里有多远

之后不久，给哲哲看《博物》杂志。这是一本面向小学中高年级学生的杂志，本以为哲哲年龄小，不会喜欢，没想到他没翻两页就爱不释手，大呼过瘾。此情此景让我慰藉于很宝贵地存了这么多年。一次饭桌上，哲哲发问："爸爸，《西游记》里，唐僧去西天取经，走了那么长的时间，而孙悟空一个跟头就能到。你说十万八千里有多远，相当于从地球的哪里到哪里呢？"哲哲妈思忖片刻，应答："能从中国到美国吧！"哲哲皱皱眉："那为什么书上说大概是绕地球三圈呢？"

在常识方面，哲哲妈显然得补课了。我告诉小家伙："赤道的长度大概是四万多公里，十万八千里约合五万四千公里，其实是绕地球一圈多一点。"哲哲朝我点点头，"还是爸爸厉害。"被孩子表扬的感觉真好。要想也被表扬，父母们也要多读书呢。

根本不关我的事

我的书架上有一本黑柳彻子的《窗边的小豆豆》，没把它作为童书放在哲哲书架上。一次，我正在读这本书的时候，小家伙凑过来，索性从头开始读给他听。

一开始，怀疑给他读这本书是不是太早，抑或这本书是教育类书籍，而非好玩的儿童文学，相对来说更适合家长阅读而不是孩子。没想到他一下子进入情节，似乎化身为调皮的小豆豆，第一次走进完全不一样的巴学园。

读到小林校长耐心聆听小豆豆讲述自己的故事那段，哲哲很感动，许是有所共鸣，流下了眼泪。我做出夸张的表情，逗他玩："啊，这都能让你感动哭？"他急了："才不是呢，我只是一眨眼，眼泪就自己掉下来了，根本不关我的事！"

突然感觉，哲哲和小豆豆，或者天底下所有的孩子，心都是那么纯真、柔软，真不该跟他开玩笑。

你还没给我讲故事呢

赶上哲哲妈出差，哲哲有了跟我睡的借口："你一个人睡多孤单啊，不喜欢有人陪吗？"于是晚上九点多，他拿着几本书过来，听我读完故事后就睡了。而后的几天，接送他上学放学、游泳、辅导作业、讲故事，我俩几乎形影不离。

一天，实在憋得不行，我和同事约好打台球。抢时进行比赛，因为回家心切，在手握赛点的情况下，屡屡失误，拖到很久。晚上快十点了才到家。本以为哲哲已经睡着，一进家门，发现他坐在床上翻书。问他："你为什么还不睡啊？"哲哲说："你还没给我讲故事呢！""哦！"赶紧找书讲故事，讲完两本图画书后，看着他眼皮沉下去，慢慢进入梦乡。

阅读，是我俩的约定，只要孩子没有喊停，就要坚持下去。

唐僧徒弟有什么相同点

给哲哲读完《西游记》小人书后，问了他一个问题："你说，唐僧的三个徒弟有什么相同点？"本希望他说出悟空、悟能、悟净三个人都带一个"悟"字，属于悟字辈的。没想到哲哲的回答却是："他们都很丑，他们都有武器，他们都爱杀人。"

这个回答让我很震惊，比起他的深刻来，我的想见很肤浅。的确，周星驰版《西游·降魔篇》里的三个徒弟，都符合哲哲说的三个特征，而这似乎也是动物的真实面目。嘴上总说被孩子教诲，小家伙又给我上了一课。

不要走开

《西游记》小人书读得很快，接下来世界儿童文学名著登场了。

给哲哲讲《波普先生的企鹅》，他听得格外认真，不知不觉一个小时过去，他还是沉醉其中。正读着，哲哲非常麻利地下床，以为他不想听了。只见他穿上拖鞋，回头冲我一笑："现在是休息时间，我去上个厕所，不要走开，马上回来——"

那张小脸满是灿烂，像曹文轩笔下油麻地里盛开的葵花一样。在我心里，如果将这张小脸作为广告形象，应该是很让人难忘吧。

把你写成一个坏爸爸

哲哲升上二年级之后的十一假期，一家人去外地玩，让哲哲带上几本书看。

哲哲选了《在那遥远的森林里》，"哈皮皮快乐成长"系列，"HOW & WHY"系列也选了几本。我则拿出美国作家希利尔的作品，问他地理、艺术和历史三种之间选哪个？原计划给他读读历史那本，哲哲却选择《希利尔说艺术》。

火车上，我看《人物》周刊，他看"哈皮皮快乐成长"系列，都很投入。许是黄宇姐姐对小学生活描写得太逗趣了，哲哲一路上乐得不行，还说"哈皮皮就像我们班的图图同学"。逗哲哲，将来你也可以写小说，想怎么写就怎么写。"那我将来要把你写成一个坏爸爸。""行啊，我看看到底怎么个坏法。"

作为爸爸，真期待哲哲将来写出来的著作。如果写了，我真的会是坏爸爸吗？

谢谢几位阿姨

玩够了，返回北京，继续亲子阅读。这段时间他喜欢上了汤素兰的笨狼系列故事。问他很有意思吗，回答我："嗯，很搞笑，跟'周末与爱丽丝聊天'系列是不一样的风格。""怎么不一样？""笨狼的故事讲的都是好玩逗乐的故事，读着很轻松；爱丽丝那个讲的知识比较多，让人开阔眼界。就是一个让人开心，一个让人感到特别充实。""那你要不要感谢这两位阿姨啊？""当然要了，明天我还想把这两本书让同学看看呢！"

哲哲说得没错，程玮和汤素兰的确是风格不同的儿童文学作家，一个富有感染力，一个偏于理性思考。但她们也有相似之处，两人都在扉页前面写着"祝哲哲小朋友健康、快乐、向上"，那是我采访二人时请她们写的。而且，她们都很用心写作、有儿童立场，都在努力让孩子们爱上阅读——向优秀的儿童文学作家致敬。

来喝 119 牌小儿止咳糖浆

之后开读美国作家凯瑟琳·拉斯基的《绝境狼王》。听我读的时候，小家伙兴致很高，偶尔扯着嗓子学狼叫。

"嗷——嗷——"中气很足，但高音处连连咳嗽，这几天他有点感冒，我拍拍他结实的后背，逗他玩："宝贝儿，你不是想当设计师吗，你刚才的行为让我想到一个很好的创意。""嗯，我觉得也是，你看这样好不好……"哲哲摆开造型，声音低沉："一个月圆之夜，北风呼啸，一只小狼站在山顶，放声长啸，嗷——突然，叫声中断了，小狼咳嗽起来。这时候，小狼妈妈拿出来一个小药瓶，面向观众，用手一指，说，119 牌小儿止咳糖浆，专治咳嗽。"

"这个广告很棒，一定很受欢迎。"小家伙被表扬后，屁颠屁颠地跑向姥姥，又演了一遍。家有活宝，快乐无限。

小鱼治水的故事

恶搞完《绝境狼王》，哲哲和我一起编故事。

这次不幸中招的是大禹治水。哲哲的改编版是这样的："从前啊，有一个医生叫小禹，他听说一个叫水的人病了，于是带着他的小药箱，里面装着 119 牌小儿止咳糖浆，退烧药什么的。到了水的家，看见水脸色都黄了，于是小禹给水吃了感冒药。没过多久，小禹见水直翻腾，知道他发烧了，又拿出退烧药……"打断他："嘿，宝贝，为什么看见水翻腾，就判断他发烧啊？""爸爸，你这都不知道，水烧开了不就这样吗？"

那几天，哲哲讲了好几个小禹治水的故事，每个版本都兼具科学和幽默，让我深受启发。自己讲完了，他还让我创编故事，于是我把最近读的《三国演义》《海贼王》《西游记》等情节加入其中，小禹治水的故事不断被推向高潮。

突然感觉小本本已经不够用，下次带着录音机，把这些好玩的故事录下来，没准我也能成为和郑渊洁一样的童话大王。

他们的书怎么不一样

《绝境狼王》读完后，决定给哲哲换换口味，讲一讲中国传统故事集——《最美最美的中国童话》。

讲到《黑夜里勤学的孩子》时，其中罗列了凿壁借光的匡衡、囊萤照书的车胤、雪夜读书的孙康等，意在勉励小朋友勤奋学习。刚要继续往下读，哲哲打断我："爸爸，你说，为什么前面故事里的匡衡看的是竹简，而后面故事的车胤和孙康看的是书呢？"没想到小家伙这么用心，引导他："那你猜猜看，到底什么原因？""我觉得，是不是前面的故事发生时还没有发明纸，而后面纸发明出来了？"回答得太精彩了，必须给满分。于是，给哲哲讲了东汉蔡伦改进造纸术的故事。

其实，所谓教育，就是引导，引导孩子观察和思考。做到了这些，教育就是成功的。

石头真的能在水上跑吗

哲哲看书爱问为什么。记得共读完作家虹影的第一本儿童文学作品《奥当女孩》时，哲哲开始了他的发问："爸爸，石头真的能在水上跑吗？"这个问题让我很震惊，自己小时候懒得玩的游戏，没想到儿子却没有体验过。

第二天，我俩特意骑车去了奥森公园，在园子里捡了100多块扁平状石头，装在书包里，沉甸甸的，好像抱着一个超大西瓜。在湖边，给哲哲做示范，石片在水上跳跃着远去，他惊呼着"爸爸，你太厉害了，比桑桑还厉害"。桑桑是《奥当女孩》的主人公，就是通过打水漂与小女孩交了朋友。看他乐此不疲地一次次打水漂，我似乎看到儿时的自己也曾这样从正午玩到日落。

"爸爸，你打的水漂真帅，你看我这个水漂打得怎么样！""爸爸，你能打出像桑桑打出过的翻筋斗水漂吗？""爸爸，打水漂太好玩了，咱们明天再来吧！"……第二天，我们又在奥森公园里度过了一个难忘的下午。

你说我是好宝贝吗

《最美最美的中国童话》有点长，哲哲让我中间穿插《海贼王》。这本书哲哲以前在西城区青少年图书馆看过，很喜欢。

讲到第三十集《狂想曲》，内容是爱莎是个孤儿，但他有读心的能力，能提前知道别人心里想什么。小家伙看到这，一声慨叹："有超能力就是好，但没有爸爸妈妈陪，哎——还是我比较幸运，而且还是好爸爸陪。"

过了一会儿，我和朋友约好了出去，时间没到就想多陪他一会儿。小家伙不同意："爸爸，你快走吧。跟别人约好了，就得守时，不能让人家等。"想想也是，拿包走人。走到门口，叮嘱了哲哲几句一个人在家的注意事项，他点点头："爸爸，我都记住了，你就放心吧！"顿了一顿，又说："爸爸，你说我是好宝贝吗？"

原来心机在这里。看着他胖胖的小脸，我告诉他："嗯，你是我的好宝贝，永远是我的好宝贝。"

鸭嘴兽灭绝了吗

《最美最美的中国童话》读完了，给哲哲读德国童书作家安德烈·马克思的《野兽帮》，主角依然是一群动物。讲的是从动物园里逃出来的狼哈姆雷特和大猩猩巴纳巴斯，一起寻找野兽团，以追求自由为主题的故事。第二集主要讲述为鸭嘴兽奥斯卡寻找身份的历程。

一天上学路上，哲哲问我："爸爸，你说地球上现在还有鸭嘴兽吗？""鸭嘴兽啊，和袋鼠、袋狼一样，都曾经生活在大洋洲。你知道为什么只有大洋洲才有这些动物吗？"我好为人师地告诉哲哲，"这是因为，只有这个大陆周围是海洋，与其他几个大洲是隔绝的，所以留下了很多稀有动物，但袋狼和鸭嘴兽都灭绝了，因为人类的大肆捕杀。"哦，爸爸，你知道得还挺多的。"我被表扬了，很高兴，但总感觉少了一点底气。到了单位，上网一查，发现自己错了。

接哲哲放学时，第一件事就是向他道歉，告诉他鸭嘴兽没有灭绝。"爸爸，我今天问科学老师了，他也说鸭嘴兽还有活着的。不过呢，承认错误就是好爸爸。对了，老师说鸭嘴兽是有毒的，它的脚上有个倒刺……"他又开始现学现卖了。这一回，我认真听着，老老实实做个好学生。

每个人都有选择的权利

读到《野兽帮》中狒狒路德维希和狼哈姆雷特关于去不去寻找神秘河流而发生争执的事。母豹希瓦说："路德维希，你不一定要一起去啊，没有谁要求你一定跟着去，每个人都可以自己决定。哈姆雷特，但我一定跟你一起去。我一直觉得拉菲娜的话值得一听……"

还没读完，哲哲插话："爸爸，这句话说得挺对。每个人都有选择的权利，不能强迫别人。"既然挑起话题，就跟他谈起一个人的权利与自由、一个好时代重要的标志是让人有选择的自由，有机会实现自己的梦想，等等。转而，想起刚刚读完的南师大附中语文教师周春梅的文章《学生有不发言的权利》，文中很明确指出，现代教育最缺少的就是尊重孩子的权利。

哲哲懵懂地意识到选择权，这一代孩子注定与我们不一样吧。

这段文字真是太美了

《野兽帮》激起了哲哲对动物小说的热情，找来《猫头鹰王国》给他读，这是被称为"美国动物小说奇幻女王"凯瑟琳·拉斯基的一部富有史诗性的儿童文学作品。

读到主人公赛林带着小伙伴灰灰、吉菲逃出圣灵枭孤儿院，和掘哥一起前往传说中的瑚尔海时——"'哦，远边！远边！'皮太太一遍又一遍地惊呼，'我是在远边啊！'她的喜悦带着嘶嘶的乐音划过夜空，使赛林感到星星更加璀璨耀眼……"哲哲专心致志地听着，完全进入状态。合上书，哲哲很高兴地说："这段文字真是太美了，我要是能飞就好了。以后啊，我也管天空叫远边。"

越来越感觉，哲哲不仅对自然有着超乎寻常的感知，对于文字也有与众不同的敏感。记得《土鸡的冒险》里的一句"仿佛看见自己的童年从蛋壳里爬出来"，也让他唏嘘半天。哲哲完全可以成为一名好作家，因为他的语文素养已经很好。为了让孩子感悟汉字之美，我们多给孩子读好书吧。

作者写得真好

《猫头鹰王国》第12本《金树》有一段是这样写的："交替之夜来了又去，当白天来得更早，黑夜变得更长的时候，珊瑚巨树上的猫头鹰都开心极了，因为黑夜才是他们喜爱的时刻。他们在长长的白天睡觉的时候，炎热笼罩着他们，时间过的是那么慢，慢得像一条懒惰的毛毛虫在爬……"

听到这，哲哲反复说作者写得真好，"真是太好了"。问他好在哪儿，他说："你看时间慢得像毛毛虫在爬，多形象啊，说明炎热让人很无聊，猫头鹰希望快点结束。"

经典读多了，孩子就会有较强的审美能力。其实，对文字的感觉、语感的培养、对好词佳句的熟练运用以及写作技能的提升，都是在大路经典阅读之后的产物。

我知道为什么叫久国了

《猫头鹰王国》是分批出版的，最后三本面市时哲哲都上四年级下学期了。

讲到《久国》一本时，哲哲听得非常专注，注意力非常集中，因为故事中出现了第六个猫头鹰王国，那里的猫头鹰都是蓝色的，就像少年派一样，很有奇幻色彩。读完这本，哲哲很开心地对我说："爸爸，我知道这本书为什么叫久国了？""为什么？"坦白说，读书的时候，我只顾着读文字，对内容并没有太深入地思考。"你知道吧，久国的猫头鹰不是蓝色的嘛，而且它们的寿命特别长。生命长久，所以叫久国啊！"哲哲看出了门道，而且越来越入戏了。

体验罗琳的文字魅力

读完了《猫头鹰王国》，哲哲开始啃《哈利·波特与魔法石》。刚翻了几页，他就迷上了。一想马上五年级的孩子喜欢这本书，很正常，毕竟到了欣赏魔幻小说的年龄。这本书虽好，但感觉没有全部购买的必要，于是在他读完第一本的时候，我带他到附近的亚运村图书大厦去蹭书读。

在图书大厦里，他很快找到了这个系列，没想到他对图书分类有了初步的认识。整个晚上的三个小时，他看他的《哈利·波特与密室》，我看我的《特别的一天》，互不影响。后来的几个周末，我们都要去图书大厦，这好像成了一个共同的约定。有时候，他妈妈带他去跑步，他回来后直接去书店，让我到"老地方"找他。

在书的海洋里，走进文字所构筑的精彩世界，真希望以后的每一天、每一月、每一年，都这样读下去。

还是我的爸爸好

参加新阅读研究所中国童书榜评选，感觉申修贤的《红铅笔》有点意思，推荐给哲哲看。

故事讲的是一个叫珉浩的小孩偶然拾到一支红铅笔，作文水平突飞猛进，他的生活因此被改变了。小说最后的一段是这样写的，哲哲很喜欢的一段："珉浩长按了手机数字1键，拨通了快捷键电话。等待时间并不长，可是，珉浩好像等了很久一般，电话拨通了，珉浩却没有说话。'珉浩啊。'珉浩内心涌动，这是他等待了很久的声音，他以为自己已经忘记了这个声音，这声音仍然那么亲切。'爸爸，是我。'"

读完后，哲哲问我："爸爸，最后珉浩的爸爸是不是又回家了，他们又团圆了，对吧？"不忍心伤了他的心，我点点头。过一会儿，哲哲一把抱住我，喃喃自语还是我的爸爸好。那一刻，我也被深深感动。

这是我俩的秘密

《红铅笔》读完后，买了一套凯瑟琳·拉斯基的"绝境狼王"系列。这套书和《猫头鹰王国》有一定联系，有点类似于《霍比特人》与《魔戒》的关系，都属于史诗性的宏大叙述。

原计划是每天给哲哲读一章，如果他表现好，就读两章。最近哲哲表现得特别好，于是以"三集连播"的节奏进行。不知不觉，"绝境狼王"讲到第四本了。讲到《星梯的呼唤》一本时，他明显进入剧情，听得很专注，每次读完都依依不舍，还要再来一集。我耐不住他的软磨硬泡，一读再读。

一天晚上，读完后哲哲不像以前那样道声"晚安"，而是贴在我的耳边，不让妈妈听见，悄悄告诉我："爸爸，你真好，你永远在我心里排第一名。"他的话让我非常高兴，真想再奖励他一集，一看时间不早了，转而也低低地对他耳语："嗯，我知道了，谢谢你，但这是我俩的秘密哦！"哲哲狠狠点了点头，意味深长地看了妈妈一眼，睡觉去了。

最爱动物小说

哲哲看动物小说渐入高潮，《风之王》《最后的藏羚群》读完后，又从书架上了翻出《逆境鲨王》。这本书是参加新书发布会时，出版社赠送的，没想到他一晚上就读完了，还很郑重地告诉我："爸爸，我发现我最爱读的还是动物小说。""那动物小说有什么吸引你的？""每部小说都是一个不一样的世界，像以前的猫头鹰王国的世界、绝境狼王的世界，还有这个海洋鲨鱼的世界，都很奇特，与人类不一样。而且，主人公的经历都像一个传奇，看了让人欲罢不能。"

看他这么喜欢动物小说，赶紧买了《逆境鲨王》的另外五本。一拿到书，他看得沉醉，以至于第二天上学路上问我"可不可以在自行车后座上看书"，原本觉得这样对视力不好也不安全，但想起作家蒋方舟自己小时候也是这般在妈妈自行车后座上看书，全然忘记了身外的世界，更重要的是欧阳修也说过，看书可以在"马上厕上枕上"，如此"马上"也未尝不可吧。

但这是一种怎样的体验呢，我也有点跃跃欲试了。

我家就是一个图书馆

看完了《逆境鲨王》，哲哲时而翻看最新一期的"鸡皮疙瘩"系列，时而让我推荐一些新书。从南方分级阅读书目中，我选了几本给他看。张之路的《电子魔表》他很感兴趣，一个劲儿地称赞写得好，推荐"写给儿童的通俗文学"系列给他，也得到了他很高的赞誉。

"爸爸，我发现啊，你推荐给我的书都不错。""为什么这么说？""你看，这个南方分级阅读的前面，就提到了你推荐过的那个杰克·伦敦的《荒野的呼唤》《白牙》，说明你很有眼光。我还发现啊，我家简直就是一个图书馆，想看什么书，都能看到，我真是太幸福了。""嗯，你要好好利用哦。"

随着哲哲年龄增大，发现他对家里的图书越来越喜欢，读书的时间也越来越多，慢慢走上正轨。但愿他用其他孩子上课外班的时间所读的那些书，能给他带来与众不同的人生感悟和未来选择——因为，我坚信他的小脑瓜里有不同寻常的智慧，我坚信阅读的力量。

装在口袋里的爸爸

"装在口袋里的爸爸"系列哲哲看了几页，就喜欢上了。以前我对之不太感冒，不太喜欢书中河东狮吼式的妈妈，也觉得某些情节过于离奇。没想到小家伙却给予了高度赞赏，看完该系列的《时间魔表》《爸爸被盗版》后，还要我再买一套。等到新书到家，如当初收到《海贼王》一样，废寝忘食地阅读，看的时候还咯咯笑，津津乐道书中的细节。

问哲哲这本书好在哪里，告诉我："这本书太有想象力了，情节非常丰富，夸张的手法运用得特别好，有些想法完全超出了我的预料……"这好似文学批评家一般的评价，让我对他刮目相看，本来担心他被某些所谓的"科学发明"误导，如此看来是我多虑了。

每个孩子都有自己的阅读兴趣，只要孩子享受其中就好，因为哲哲说过："我们班瑶瑶同学只读文学书，这样不太好。文学书、科普书和历史书都应该读。我想好了，读完了《装在口袋里的爸爸》，我就读那本朱耀沂的《昆虫 Q&A》和吴姐姐那一套，朱耀沂的书写得也很好，又博学又好懂……"看他把读书计划做得如此周密，我的心里自豪满满。

一口气读完

哲哲上五年级后，只要有时间，我就和他一起骑车上学放学。路上车比较多，我习惯在后面观察他。见他在车辆中熟练穿行，想着上中学时，他就能自己上学放学了。出于对独自上学的他不太放心，我把《天蓝色的彼岸》（艾利克斯·希尔著，张雪松译，新世界出版社 2003 年 12 月出版）放在他手边，让他有空读读，用意是希望他能珍惜生命。

第二天起床后，他表示："书很好看，就是插画比较差，封面人物不像十几岁的孩子。"还告诉我，"爸爸，你知道吗，我做完作业后读到快 12 点了，好书总能让我放不下，想一口气读完……"有研究发现，阅读一本好书时，人的大脑中原本处于静息状态的连接会活跃起来，并且在大脑左颞叶皮层产生一种与肌肉记忆类似的神经变化。就像跑步时，能够激活连接生理跑步功能的神经元。

很高兴，哲哲又读到一本他喜欢的书，但愿之后他会更加爱惜生命，知道他的生命不只属于他一个人，还属于爱他的爸爸妈妈以及所有关心他的人。

有玩游戏的感觉

十一假期，哲哲在家看美国童书作家盖瑞·伯森的"手斧男孩"系列。

他一拿起这套书就放不下，还告诉我书里的生存知识十分有价值，在野外生存的过程中用得着。比如，用铁斧敲击燧石，可以产生火花；由于水的折射，所以捕鱼的时候要往鱼的身体下面刺……小家伙还说，"读的时候，我有一种在玩游戏的

我不想把它当宠物
我买一个
是想把它放回大自然

看着他把蝈蝈放到公园里的草丛，跟它说再见，感觉很欣慰，因为一念之间成全了一颗善良的童心。

感觉"，作者对岩石和土壤的描述很正确，因为"《我的世界》里就是这样的"。记起参加唐兰兰老师的新书发布会时，她讲述自己孩子一次借了一本介绍土壤的学术书，原来也是在玩《我的世界》时对土壤和岩石产生了兴趣。

阅读是深入学习的入口，游戏也是。听着小家伙讲如何利用燧石取火，如何通过树木辨别方向，想必他到了森林里，也能像布莱恩一样顽强生活下来吧。

我就是觉得你不错

假期的哲哲书单里，有一本书是吴依薇的《升旗手》。故事还算不错，讲的是进城务工孩子的故事，我大致翻看后给哲哲看。小家伙看得很投入，推荐理由写得还蛮感人，我表扬他再接再厉。

第二天上学，楼梯里，哲哲主动抱了抱我。自从他上了五年级后，一般都是我主动求抱抱，被他抱比较少。问他："怎么想抱我了？""没什么，我就是觉得你挺好的。""因为对比了《升旗手》里唐小鹿的爸爸吧？""嗯！"

没有买卖就没有杀害，没有对比就不知好坏，每个父母都不能在孩子的生命中缺位。

案情简单的适合小孩看

那个暑假，他迷上了侦探故事，我于是找来这一主题的书籍给他看。每一本他都很认真看，看完不忘与我交流阅读感受。等他看完了《福尔摩斯探案集》，我让他评价一下这几本书的优劣。

小家伙沉吟片刻，说道："我觉得啊，'闪电球探长'系列适合小学一年级的学生看，因为案情都十分简单，严格说来是猜谜，算不上探案。《兔子侦探》比较适合小学三四年级学生，因为案件不是很难，杨红樱的《侦探五人组》也属于这个年级。《大侦探小卡莱》比较适合我，很有趣。《福尔摩斯探案集》第一本经典长篇探案故事适合初中生看，第二本和第三本经典短篇故事还比较有趣，我能看得进去……"

"那'小熊帕丁顿'系列呢，其中不是就有《帕丁顿抓小偷》《海边的侦探》《蒸发魔法》等侦探故事吗?""小熊这个啊,根本算不上侦探小说,就是一个个搞笑的故事而已,比较适合不喜欢读书的小朋友看,就是你说的什么入门书。"评价完之后,他看看我,意思是自诩为阅读推广人的我,还没有他知道得多。

好吧,我承认哲哲比我更厉害。

家有淘气包

真希望你是乔方的爸爸

哲哲 6 岁时，给他读《淘气包尼古拉》（最新版），没想到他和主人公小淘气尼古拉很对脾气。

这套书是法国天才作家勒内·戈西尼和画家让－雅克·桑贝共同创作的，描述了一个不谙世事、没有心机、学习一般也没有特殊才艺的淘气男孩，但他却有着许多孩子所没有的善良与童趣。

哲哲很喜欢这个故事，因为"我学习也不好，也是淘气包，看到尼古拉就像看到了自己"。一天，路过一家玩具店，哲哲照例在柜台前看了看玩具，没让我买，也知道我不会给他买。出来后，他很忧伤地叹息："哎，你要是乔方的爸爸就好啦！""为什么这么说？""因为啊，乔方的爸爸很有钱，总是给乔方买很多玩具。"世界上任何一个小孩都喜欢有乔方那样有钱且舍得花钱的老爸，而拥有天底下所有的玩具，该是每个孩子的梦想。

我告诉哲哲："可惜我不是，即使是，我也不会买。"轮到他反问我了："为什么？""因为有个人以前说过，东西一多了就会腻。"小家伙讪笑，没再言语。为人父母，也要学会活学活用，以其人之道还治其人之身，用这招对付小孩最有效了。

女孩是最可怕的动物

一次参加新书发布会，出版社送了一本杨红樱的《淘气包马小跳》。摆在书架上，没给哲哲看，总觉得杨的书离经典差那么一点意思。

读完了图书馆借来的书，哲哲抽出马小跳让我给他读，没想到一下子听进去了，也许因为同是淘气包的缘故。读到"安琪是马小跳的邻居，很喜欢马小跳，但马小跳却不喜欢她"，哲哲插了一句："我也不喜欢女孩，女孩是世界上最可怕的动物。"我心中一惊，赶紧问他："你真的这么认为吗？""当然不是，这是《蟑螂恶霸和蜘蛛侦探》里的台词，你连这都不知道？""那你喜欢女生吗？到底喜欢不喜欢？""还行吧，哎呀，你别老问了。"

孩子的某些话，父母别急着下结论，等他们把话说完，才明白真正要表达的意思。如果我们一冲动，麻烦就大了。

你多给我读这样的书吧

之后，给哲哲读了《淘气的阿柑》《淘气包埃米尔》，因为它们都属于淘气包团队。

读阿柑时，哲哲听得简直入了迷。因为字数不多，他每次都要我多读几页，两天就读完了。之后，他罗列着阿柑给弟弟起的各种绰号：大头菜、菠菜、萝卜头、小豌豆……边说边笑，还品评道："爸爸，我发现啊，这个阿柑跟小淘气尼古拉有点像，都很好，但也很调皮，爱给人起绰号。"

"你觉得这好不好呢？""有点不太好吧，但阿柑没有恶意的，再说爱起外号是孩子的天性。我和同学之间也经常起外号的。""那你喜欢这本书吗？""当然喜欢了，爸爸，你多给我读这样的书吧。"

哲哲没有恶意的搞笑让我印象深刻，想起一天早晨，哲哲妈上班，小家伙在被窝里伸出一条腿，晃了两下，继续睡。等他醒了，我问他其中含义，他告诉我："你忘了？在《夏洛的网》里，夏洛就是伸出一条前腿，跟小猪威尔伯说再见的。"

我希望哲哲心里有许多有趣的朋友，希望他的童年里有尼古拉、弗朗兹、夏洛、路易斯、米来、劳拉、艾丽、绿绿、赛林这样的朋友，也努力寻找适合他的童书，让他始终被爱、友情包围着、温暖着。

你跟埃米尔的爸爸差远了

林格伦的《淘气包埃米尔》，哲哲也特别喜欢，有时候觉得我读得慢，自己主动往后看。

书读到一半的时候，哲哲抛出一句："爸爸，我发现啊，你比埃米尔的爸爸差远了。""何出此言呢？""你看啊，埃米尔每次淘气，像把罐子套在头上、把妹妹吊到旗杆上，他的爸爸都没有打他，就是把他关在小木屋里，让他反省。""你淘气的时候，我也没打过你啊！""你是用话打的！""我怎么不记得？""你忘了？你前几天不是说，你跟 IPAD 玩去吧，你管 IPAD 叫爸爸吧，你让 IPAD 给你做饭和带你游泳吧，你这语言比手打的都狠！"原来问题出在这里。

本想解释一番，终究作罢，错了就是错了。看来我也得主动申请进入小木屋，向林格伦学习当个好爸爸。

我也是这么想的

因为特别喜欢《淘气包谢得意》，哲哲读完后把这套漫画带到学校跟同学分享。

等到拿回家来，我发现书破得不成样子，其中几页还涂了涂改液，谢得意"不得意"了。我有点气愤，告诉哲哲下次不要再借给同学图书。他点头同意，还告诉我肯定是浩浩同学把书放在座位里，来班里上课外班的外班学生干的。

过了几天，我觉得这事儿自己做得不对，跟哲哲沟通："关于谢得意被弄坏的事儿，爸爸得检讨，一本书固然重要，但同学的友情更宝贵，不能因为一本书而少了一个朋友，你说呢？"他脸上突然笑容绽放："爸爸，其实，我也是这么想的。"

必须有感情地朗读

迷上《海贼王》时，哲哲嘴里说的都是路飞、山治、乔巴什么的，看他这么喜欢《海贼王》，索性把 30 多本漫画都买了。

拿到漫画书，小家伙直蹦高，眼里放光，是那种葛朗台看到金子、严贡生捡到巨款、黄鼠狼遇见鸡式的喜悦。在哲哲妈看来,那股兴奋跟哲哲看见金灿灿的烤鸡翅、新鲜出炉的肉松面包,抑或服务员端上来的冒着热气的培根土豆浓汤,没什么两样。

哲哲几乎废寝忘食,睡前也津津有味地看,还让我给他读,每天读一本,而且必须"要有感情地读",那些"哼""啊""咣当""哎呀""呼啦""嘎哈哈""呜呼呼"等象声词不能省略,否则要重新开始读。勉强达到朗读的最低标准,合上书时,我已口干舌燥。许是不解渴,哲哲带上两本到学校接着看,说是"跟同学分享草帽队的快乐"。看他的高兴劲,想起自己小学时看《OZ 国历险记》电视,也是看得这般全情投入。如果人生没有几次这样的阅读高峰体验,是不是有点遗憾呢?

《海贼王》太污了

见哲哲看了这么多淘气包主题的书,我问哲哲:"如果向小朋友推荐漫画书,你首推哪几种?""《高卢英雄历险记》《丁丁历险记》《淘气包谢得意》都很不错啊,都能看,《雅卡利的神奇历险》和《多多的'笑'园生活》也可以看。""那你最爱的《海贼王》不推荐了?""不推荐,它太污了。""太污?是因为佐隆和山治很色吗?""哎呀,反正不推荐给小朋友……"

罗马和东汉差不多时候

看完《高卢英雄历险记》,哲哲问我:"爸爸,罗马帝国真的很强大吗?那个尤利乌斯·凯撒,跟中国打过仗吗?"我反问他:"那你说罗马帝国那时候,中国大概是什么朝代?要是真的打起来,会和哪个皇帝打呢?"

小家伙想了一会儿,"凯撒当罗马帝国国王时,是十几年的时候,是三国之前的,三国之前中国很乱,估计中国打不过他们。爸爸,中国古代真和罗马帝国打过?"看小家伙对历史感兴趣,我就百度"凯撒"关键词,还给他读了东汉和帝派甘英出使罗马帝国的故事,使者虽没见到凯撒本人,但两国的文化交往却一直保留下来。刚读完,小家伙插话:"爸爸,你知道吗,凯撒有句名言叫'来过,看过,征服过'。他还和埃及艳后结婚了呢!埃及艳后听说特别美。"

剑桥大学历史系毕业的英国作家克里斯托弗·劳埃德，曾苦恼于大女儿不喜欢读书，但发现她很喜欢企鹅，于是就自己动手写了"墙书"《地球通史》，和女儿从企鹅开始，研究南极洲及板块学说，引导女儿成为热忱的阅读者。其实，从高卢到凯撒，再到汉和帝、三国，哲哲也串起了历史，走向阅读的深处。

漫画应该这样读

向他求教读漫画的秘诀。小家伙谆谆地讲道："读漫画之前，要保持愉快的心情。开心时，读漫画更能读得进去，快速进入状态，剧情。""为什么呢？""因为漫画都是很轻松的，就是让人休闲时看的啊。你那么紧张，心里想着很多事，肯定看不进去漫画。""那除了好心情，还有什么要注意的吗？"

"漫画，就是用最少的文字和图画来讲故事，图与图之间有很深的联系。我觉得还要读得仔细。因为漫画都是一个图接着一个图，如果一个图没看懂，下一个图画就不知道说什么了。对了，不爱看书的小朋友可以先看漫画，作为产生读书兴趣的起点。"小家伙喘息了一会儿，接着给我上课，"不同的漫画风格不一样，还要多吸取每个画家的优点。例如，《淘气包谢得意》写的是生活故事，非常幽默，语言和画面都很好玩。《丁丁历险记》是侦探类的，比较惊险，也有推理。《雅卡利的神奇历险》是讲印第安人的故事，有奇幻的色彩。《高卢英雄历险记》很多部分挺符合历史事实的，所以也可以当历史书来看看。对了，你说那个被八宝营、阿瓜营包围的高卢村真的存在吗？"这个我也不知道结果，还是一起去查吧……

动物世界真奇妙

知道，是图书馆

哲哲读小学一年级时，我俩经常去西城区青少年图书馆借书看，一次借到一本德国作家弗朗西斯卡·比尔曼的《吃书的狐狸》。当晚就开始给他读，读到"但是，狐狸先生是谁？他可是一只狡猾的狐狸！他早就盯上了一座房子，那里的书多得数也数不清……"，我停下来，故意问小家伙："你知道这座房子是哪里吗？"他点点头："知道，是图书馆！""行啊，这你都能猜得到。""你当我傻啊，书名都写着，爱吃书的狐狸嘛，只有图书馆才有好多书，到菜市场买书不是有问题吗？"

被抢白真不是滋味。过一会儿，哲哲喃喃自语："狐狸先生可千万别去儿童图书馆啊，那里的书都是我爱看的，吃光了我就没有了。"爱书的孩子，心地一般都很柔软，流露出来的总是纯纯的善。

不许吃小野鸭

给哲哲读韩国作家黄善美的小说《走出院子的母鸡》，这是一本很有爱的适合小学低段孩子听的儿童文学作品。故事讲的是母鸡叶芽一直生活在养鸡场，她梦想有一天自己能真正孕育、孵化、抚养一只自己的宝宝。但是，她下的蛋无一例外地被主人拿走。为了实现梦想，叶芽拒绝下蛋。很快，她被当成"废鸡"赶出养鸡场。后来，她碰到了好心人，实现了梦想。

当读到叶芽被赶出鸡舍、无家可归时，哲哲眼含泪花，无比伤心，让我都不忍心继续往下读了。于是，换了一本较为轻松的书，《列那狐的故事》。恰好读到"列那叼着野鸭就往森林里跑……"，哲哲不干了，大喊："不许吃小野鸭，他是叶芽的好朋友……"还差一点儿哭出来。我赶紧自编了一段，说农场主突然出现，救走了野鸭，哲哲这才破涕为笑。

当孩子还小的时候，我们还是不要把生活过于残酷的一面给孩子看。不过，也有点纳闷，六岁的孩子不知道此野鸭非彼野鸭吗？

父爱到底是什么

看哲哲喜欢跟鸡有关的故事，我就找来常新港的《土鸡的冒险》。我一直很喜欢常新港的书，感觉他走进了青少年的内心深处，把青春期孩子的精神世界清晰地表现出来。他的动物励志小说很有审美意味和童真童趣，属于儿童文学作品中的佳作。

故事有一段描写土鸡的爸爸被黄鼠狼叼走后，身上没有半片羽毛、瘦骨嶙峋地回来。因为喉咙被咬破，无法与小土鸡说话，更无法表达对孩子的想念。因此，它每天站在篱笆上，让孩子明白打鸣之于公鸡的意义。这段心理独白写得非常感人，我读得很轻，哲哲听得很专注，仿佛一字一句都撞击着他的内心。听到最后，眼泪从他的眼眶流下来。

常新港的文字也深深打动了我，那种含蓄的父子之情，让我想起朱自清的《背影》。结尾一段话我至今还记得——"我北来后，他写了一信给我，信中说道：'我身体平安，惟膀子疼痛厉害，举箸提笔，诸多不便，大约大去之期不远矣。'我读到此处，在晶莹的泪光中，又看见那肥胖的、青布棉袍黑布马褂的背影……"

父爱到底是什么？有人说，是山、是海，是对下一代深切的毫无保留的付出，是注视着孩子渐渐长大。我想，父爱最要紧的，还是陪同孩子一起成长的一段旅程、一辙印记。

哪种动物的故事最多

不知道还有什么好的动物小说，就读《朗读手册》里以动物为主题的那一章的选文，其中虽然是节选，但读起来都非常有意思。

读完《小鹿班比》节选后，我问哲哲："你说，在动物小说里，哪种动物的故事最多？"他沉吟片刻，汪汪几声。向他竖起大拇指，答对了，让他举例为证。没一会儿，一个个答案冒出来：《城里狗 乡下蛙》《大嘴狗》《变身狗》《小狗栗子球》《傻狗温迪克》《流浪狗之歌》《红色羊齿草的故乡》《灵犬莱西》……

接着，哲哲又道："爸爸，还有啊，《我永远爱你》也是写狗的，还有《玛蒂娜》里有一个叫球球的小狗。对了，还有一个叫黑狗什么的，讲的也是狗的故事。"然后，我从书架上翻出黑鹤的《黑狗哈拉诺亥》，以前觉得这本书还不适合他这个年龄段，一直没有给他读，但他好像知道这本书在未来的某个时段等着他。也许，人生一大幸事便是与好书相遇吧。

应该帮帮这只狐狸

接下来读作家西顿的动物小说。《破耳兔》和《春田狐》的故事，哲哲一听就不想停下来，讲完故事还学着书中的情节，表演一番兔子奔跑和兔子蹬腿的动作，以及狼狗装在铁丝网上的狼狈相，惟妙惟肖，感觉像在看幽默剧。

对于春田狐一家的悲惨命运，他也感慨万千："爸爸，我们是不是应该帮帮这只狐狸，让他们好好生活呢？虽然他们爱吃鸡，但也是为了自己的小孩能活下去，我们不应该把他们都杀死，对吧？"本想给小家伙普及一下动物世界的丛林法则，但看着满眼热切的小脸蛋，突然觉得讲这些物竞天择、适者生存的教条实在有点残忍，转而和他聊起了爱护自然、敬畏生命的话题，道理说得也许苍白，但至少满足了那颗不忍杀生、以慈悲为怀的小小童心。

每颗童心都无比柔软和纯真，对于孩子还是少灌输一些丛林法则，让他们像西顿小说的开篇一样，享受一片安静温暖的生存空间吧。

有些故事太扯了

做童书出版的师兄送了我一套"中国风十二生肖童话故事原创绘本"。

推荐给哲哲看。小家伙最近对我推荐的书都格外重视,因为我推荐的书很靠谱,很合他的口味。等我外出回来,见他的床上铺满了书,十二生肖系列似乎翻都没有翻。排开的《小猪唏哩呼噜》,他一边看一边笑,还说:"这个孙幼军写的文字真好玩……"

第二天,送他去管乐团排练的路上,我问他:"十二生肖系列看完了吗?你觉得怎样?"他回答道:"这套书还凑合,就是分两部分,前面是生肖故事,后面是名人故事。""那老鼠生肖讲的是什么故事来着?""是老鼠娶亲,老鼠爸爸先是想把女儿嫁给最厉害的人,他先问太阳,太阳说乌云更厉害,乌云说风更厉害,风说墙最厉害,墙说还是老鼠最厉害……"小家伙吧啦吧啦,把12个生肖故事都复述了一遍,就连下半截的名人故事也都讲了,如杨震"四知"拒贿、荀巨伯大义退敌等,还说有些故事太扯了,孩子对父母那么好,而父母对孩子却不好。哲哲指的是闵损芦衣救母的故事,属于二十四孝故事之一。

孩子的眼睛是雪亮的,看得见精华,也看得见糟粕,而且看的东西都记在了心里。我们不能轻言孩子"看书不认真",还是做好本职工作,继续给他们找好书吧。

猫武士来了

哲哲痴迷动物小说那阵儿,我听说《猫武士》不错,买了两本。之所以买了两本,也没主动推荐,是感觉这本书跟《猫头鹰王国》相比有所逊色。没想到偶然间看了一本,小家伙就被深度套牢,以至于去沙漠行走的路上也不忘带着看。临回老家前,我一口气买了整个系列,哲哲也不嫌沉,带着两部曲上路,火车上就开始啃。

在老家的一周内,他把一部曲读完了,然后开始犯愁:"爸爸,这书也太不经看了,照这速度,到了姥姥家,估计就没得看了。""那你到姐姐家找找,看看有没有你喜欢看的,我记得她家有手斧男孩系列的。"后来,哲哲告诉我,姐姐家里好书不多,只能忍忍了。回复他,到了姥姥家可以多到田野玩,跟昆虫做朋友。等从老家回来,哲哲又继续啃《猫武士》三部曲，晚上还点名让我读两章。

"落叶飞舞，飘雪似的摩挲着小松鸦的毛发。寒霜降临，他四肢僵硬，几乎寸步难行，每一步都得苦苦挣扎，每一脚下去，都发出一阵密集的咔嚓声……"已经11周岁的小家伙依偎在我身边，认真地听着，而我仿佛又回到给他读《猫头鹰王国》的日子。

我的荐书得了 4.8 分

不久后的班级荐书活动上，哲哲推荐了《猫武士》。

头一天晚上，小家伙用电脑很认真地做 PPT，在这方面他比我熟练多了，加了不少新花样，也很注重细节，作者介绍、情节发展、篇章结构、主题思想等俱全。做完后，还一个人演练了好多遍。最后写上自己的想法——"生活中总有不支持我们的人，不必理他，继续努力，就会品尝到付出的快乐。"

第二天放学，小家伙告诉我，他的荐书得了 4.8 分，差 0.2 就是满分了，全班第二高。而且，这个分数要加入期末成绩。表扬他之余，我问他："其他同学都推荐什么书了？""宁宁同学推荐的是《狼图腾》，他分数最高，因为 PPT 做得比我好。山山同学推荐的是《盗墓笔记》，萧萧同学推荐了欧·亨利的短篇小说，佳佳同学推荐了凡尔纳的《格兰特船长的女儿》……"

除了《盗墓笔记》不太适合孩子，其他书都不错。想起纽约图书馆前馆长瓦坦·格雷格里恩说的一句话："置身图书，你会突感卑微，人类整个世界尽展眼前……人之努力、人之抱负、人之痛苦、人之狂喜、人之尝试、人之失败——所有一切，尽收眼底。"但愿这些孩子上了中学后依然有与书为友的习惯，在经典阅读中找到人生的慰藉。

小黑猩猩的白毛

为了增加哲哲的动物知识，我开始留意动物主题的科普书。正巧，出版社让我帮忙写一篇"小牛顿科学馆"系列的书评。我看了一遍 PDF 样稿，觉得不错，推荐哲哲看。

　　他很认真地看完，然后考我："爸爸，你知道吗，黑猩猩小的时候，尾巴上长有很好看的白毛。""还有这事，没注意。""一看你就是读书不认真，在《黑猩猩·鸭嘴兽》里就写着呢。小黑猩猩的白毛是告诉别的同类，我还是小孩，犯了错也不能惩罚我。当黑猩猩长大后，白色尾毛就没了，意味着没有特权淘气了，得老老实实守规矩。就像破坏别人家的东西，就会被惩罚。爸爸，你说我们小孩要是有这样的白毛，是不是也可以干点坏事呢……"

　　小家伙的想法确实很奇特，同时我也纳闷在一定时间和空间，熊孩子可以做想做的"坏事"，哲哲会做什么呢？

昆虫小博士

蜘蛛侠是被狼蛛咬的

2015 年参加《酷虫学校科普漫画书》新书发布会时，出版社送了其中一本。看哲哲很喜欢，索性买了一套。

看完书，小家伙开始考我："爸爸，你知道翅膀有什么用吗？""你知道有个如虎添翼的成语吧，就是有了翅膀，像老虎插上翅膀，那可不得了。对了，你怎么问这个问题？""是酷虫学校里，蜻蜓与狼蛛开展了一场关于翅膀有没有用的辩论赛。蜻蜓说，翅膀的作用非常大，发现猎物可以快速追击，要是发现天敌，可以赶紧逃跑。狼蛛说翅膀没有用，你看啊，不能挖洞，也不能用来吐丝。"

"你怎么想的？""爸爸，我觉得，蜘蛛侠一定是被狼蛛咬的。""嗯？为什么这么说？""因为，你看啊，蜘蛛侠是用手吐丝的，而其他蜘蛛都是用腹部下面的腺体吐丝，叫什么吐丝器，只有狼蛛是用四肢来吐丝的。"有人纳闷孩子的思维是怎么训练的，也许就是在阅读和观察了大量的案例后，慢慢发现了事物之间的奇妙联系。

不是我厉害，是酷虫学校厉害

第二天早晨，我还没起床，哲哲又过来出考题。

"爸爸，你知道吗，绝大部分苍蝇是无害的，只有两种苍蝇是坏苍蝇，你知道是哪两种吗？"睡意蒙眬中，也没多想："是不是家蝇和绿豆蝇？""家蝇你说对了，还有一种叫丽蝇。""嗯，跟你在一起就是长知识啊！"哲哲羞赧一笑："也不是我厉害，是酷虫学校厉害。爸爸，再考考你，你说虎甲和狼蛛谁更厉害？要是大王虎甲碰到帝王蝎会怎样？毒蛇的毒其实分两种，你知道是哪两种吗？"大多数问题我是一头雾水。有时候，哲哲会自问自答："爸爸，你知道吗，虎甲能吃掉一只狼蛛的，你别看狼蛛经常吃昆虫，但虎甲它可惹不起。蛇的毒有两种，一种是让人血流不止，一种是不流血，但毒害人的神经系统……"

看我听得入神，哲哲还会向我认真讲解，很有央视科普节目《是真的吗》的味道。他的问题千奇百怪，很吊人的胃口，像"壁虎不会游泳你信吗""猫科动物为什么怕水""屁步甲的屁能烧伤皮肤是真的吗"等，我几乎一个也回答不上来，又很想知道，只能继续听小博士解答，或一起去寻找答案，一个上午就这样过去了。

跟哲哲在一起，我以为不是我在教他学科学，而是他在给我科学扫盲。

豆娘不是蜻蜓

见考我昆虫知识很有成就感，哲哲又发问，好像不把我烤熟不罢休："爸爸，我知道很多昆虫用英语怎么说。你听啊，虎甲是 tiger beetle，大王虎甲是 King tiger beetle，田鳖是 Turtle field，象鼻虫是 curculio……"还递过来英语书，只见书的尾页歪歪扭扭地写了不少字母，旁边还标注着汉语发音，跟我初学英语时一样一样的。

问他为什么学这个，他告诉我，是老师让查一查喜欢的动物的英文。很多同学查的是狼、豹子、大猩猩、鬣狗、狒狒、癞蛤蟆等或威风或丑陋的动物，他查的是他喜欢的大王虎甲等虫子。过了一会儿，他说："爸爸，你知道吗，老师在讲dragonfly 的时候，展示的不是蜻蜓而是豆娘的照片，它们可不一样啊！豆娘看上去像小蜻蜓，但不是蜻蜓，准确地说是叫螅，属于昆虫纲蜻蜓目束翅亚目。蝗虫也被弄错了，老师放的照片是尖头蚂蚱，学名叫中华负蝗，跟我们常见的蝗虫是不一样的……"

都说在互联网时代，学生往往比老师知道得多，此言算是得到了证实。

雨林蝎毒性小

吃完晚饭，哲哲又想起一个问题，凑过来问我："爸爸，你说帝王蝎和雨林蝎有什么区别？""不知道。"他凑过来，拿过几本书，对照着图，谆谆教导我："你看啊，帝王蝎毒性很大，雨林蝎毒性很小，基本没有伤害；帝王蝎呢，钳子小，主要生活在沙漠；雨林蝎钳子很大，生活在热带雨林……"怪不得他越来越专业，原来是比对着学出来的。

告一段落，他又让我看他的新发现，我只能放下手里的工作，索性和他一起学习昆虫知识。聊完昆虫后，他还从鱼缸里拿出雨林蝎，在手上玩了一会儿，以证明蝎子不蜇人，我却有点不放心，赶紧把它收起来。但看他一脸的自信与享受，我慢慢放下心来，愈发感觉，知识才是最好的护体神功。

昆虫有多少种

到了睡觉时间，哲哲赖在我的房间里不走，看我态度强硬，提出条件："这样吧，我提一个问题，如果你答对了，我就回房间睡觉，答错了，嘿嘿……""好吧！""爸爸，你说这个世界上有多少种昆虫？""多少种，一百万种？""哈哈，不对，有一千万种呢，但知道名字的大约两百万种。你答错了，今晚我就在这里睡了。"

不服输，我出题："那我也出一道题，这个世界有多少个国家？""两百多个。"没难住他，继续考："美国有多少个州？"小家伙不干了，说问的问题都是爸爸熟悉的领域，应该考他熟悉的。"那你说南极有没有昆虫？"他张口就来："这个简单，南极虽然特别寒冷，但有昆虫的，大概有七八种吧，其中一种叫南极巨虫，特别恶心，像蛔虫一样。"觉得不过瘾，他又发炮："到我了，爸爸你说大田鳖有多少种？虎甲最快能飞多快……"他的问题我一个也不知道，猜不着边际，只好宣告他得逞了。

很喜欢哲哲给我上昆虫课，打算从今天开始把他的话录下来，将来出本书，就叫《哲哲的昆虫课》。

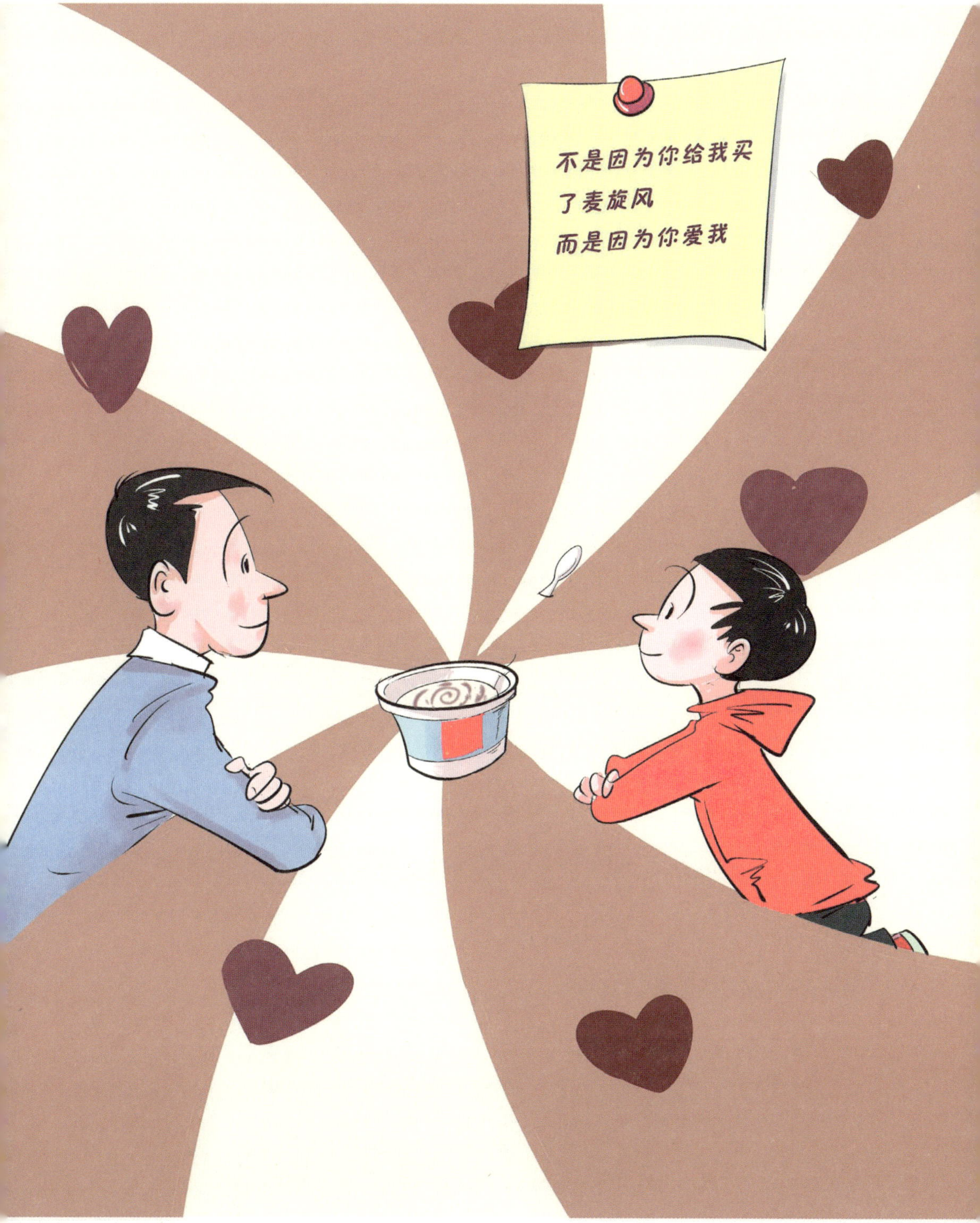
不是因为你给我买
了麦旋风
而是因为你爱我

放学时，给哲哲买了一个麦旋风，表扬他的勇敢。回家后，突然想起有东西在车筐里，看哲哲穿戴还整齐，央求他跑一趟。他不是很情愿，于是逗他玩："宝贝帮个忙，要不白给你买麦旋风了。"

　　写完作业，下楼前，小家伙回头告诉我："爸爸，我帮你取东西，不是因为你给我买了麦旋风，而是因为你爱我，我是看在你爱我的份儿才去的。"

领路蚂蚁

第二天，我偶然看到书架上的《1937·少年夏之秋》，试探着让哲哲看看。这是一本有关战争故事的书，儿童文学作家殷健灵的作品。一直以为战争这类题材有点敏感，哲哲可能不会喜欢。没想到，他读得津津有味。末了，还针对书中某处描写昆虫的地方提了一些意见。

书中一处是这样描写的：一件事，我一直记得。去年夏天，困顿无事的时候，爸爸站在凉台上拿着一把铁纱苍蝇拍到处打苍蝇，打死了，就放在栏杆下面的水泥地上。他很神秘地对我和妹妹说："不要作声，等会有好戏看。"我们便听话地蹲在地上看。大约五分钟过后，无数蚂蚁从四处聚拢过来，渐渐排成整齐的一长条黑线，在队列前面领路的，是个头大一些的蚂蚁，它犹如一个指挥官，照应着队伍前进。……

"爸爸，你知道吗。领路的蚂蚁，不一定很大，跟个头没什么关系，而是最先发现食物的蚂蚁。它会在路上留下气味，然后带领同伴过去……"哲哲的话让我很震惊，想起之前他对《虫虫危机》电影的评点，让我愈发佩服他的专业与博学。如法布尔一样的昆虫专家，也许就是这样炼成的吧。

老太太翁就是花金龟

看哲哲这么热心昆虫，一有空我就搜肠刮肚，跟他讲自己小时候捉到的、看到的、喜欢的各种虫子，大谈特谈它们的习性特点。

记得老家有一种叫"老太太翁"的虫子，用一片高粱秆插在它脖子后的缝隙里，摇动茎秆，虫子会嗡嗡地飞。哲哲听了我的描述之后，很感兴趣，上网查它的学名，不停地找图片，看着像的就拿给我看。终于看到一个很像的。得到肯定答复后，哲哲告诉我："爸爸，你说的老太太翁就是花金龟，夏天再去爷爷家时，你帮我捉一只吧！"春节期间，我俩回了一趟农村老家，我带他到田野里找虫子。本以为白雪覆盖的大地不会有什么昆虫，没想到在一个水塘里看到我称之为"王八盖儿"的虫子。小博士纠正我：这种虫子学名叫水龟虫，虽然很像龙虱，但肚子上有明显的一条刺,所以叫水龟虫。没刺的,才叫龙虱。

这些知识被哲哲娓娓道来,竟然有一种亲切感,我越来越爱这个昆虫小博士了。

我出名了

为了扩展哲哲的昆虫知识,我常带哲哲去图书馆看书。很巧,小家伙看到自己喜欢的《酷虫学校科普漫画书》出了新作品,可惜有塑封没法拆开看。正遗憾之际,哲哲看到封底有自己的名字,原来是一年前应作者之邀写的,内容如下:"自从看了《酷虫学校》后,我就对昆虫产生了浓厚的兴趣。这本书是科普与故事的完美结合,就像打开了一扇大门,让我看到一个特别有趣的昆虫世界。这里有虎甲、田鳖、蝼蛄等好玩的昆虫。如果跟它们成为朋友,相信你会像我一样收获很多快乐……"

问哲哲看到自己文字的感受,回答我:"我太兴奋了,我成名人了,真想告诉其他小朋友,书上那个名字就是我……""这点文字你就激动得不行,将来要是出版自己的作品你还不裸奔啊!""你才裸奔呢!"听声音小家伙像是生气了,脸上却带着笑。

帮我问两个问题

无巧不成书,几天后,出版社邀请我采访《酷虫学校科普漫画书》的绘者夏吉安,把消息告诉他时,小家伙很兴奋。

"爸爸,要不是我得上学,真想和你一起去。""嗯,很遗憾,不过我可以帮你问几个问题。""那好吧,你帮我问问夏叔叔,文字版和漫画版为什么画风不同?还有各个昆虫的漫画形象都是怎么想出来的?""两个版本都是一个人画的,画风难道不一样吗?"小家伙见我狐疑,从书架上拿出两个版本的书让我看,发现还是儿童的眼光雪亮。

采访夏吉安时,抛出这两个问题。夏回答我:"文字版的形象比较早,虽然也很生动,但不适合后来漫画的分镜头形式,所以有了很大改动,转而用更加活泼、具有镜头感的形式来表现。至于每个虫子的漫画形象,跟昆虫自身的习性相关,如凶猛的甲虫、狼蛛之类，其眼神、眉毛会流露出一种凶劲，但总体上还是以小朋友的脸部特征来呈现的。"

把专家的回答带回家，得到小家伙的表扬："爸爸，你是一个好记者……"这表扬让我很受用，决定再接再厉，采访更多专家，有机会就带上这个小助手，把他培养成比我还厉害的大记者。

它啊，叫蠼螋

还有一件事跟昆虫有关。那是一天早晨上班时，突然听一个女同事叫了一嗓子，说座位下有一只"蜈蚣"。走过去看，明显不是蜈蚣，而是一只尾巴像钳子的虫子，虽然我也叫不上名来，但一想我家的法布尔也许知道，就拍了下来。

下午接哲哲的时候，把手机拿给他，请他鉴定。小家伙看了一眼，很兴奋地说："爸爸，你看它尾部像剪刀一样，叫蠼螋，这两个字很难写，在北京很少见。"停了一下，他继续说："它也叫耳夹子虫，说是能爬到人的耳朵里，其实都是骗人的，不可能爬到耳朵里的。你知道吗，蠼螋成虫也就两厘米，它的卵孵化时间比较长，所以蠼螋妈妈经常拂拭卵上的灰尘。它也不厉害，酷虫学校里写过爬虫班的学生一开始都害怕它，因为它有剪刀嘛，后来看到蠼螋妈妈拿了一些食蚜蝇的卵、面包屑、馒头渣等食物，就知道这种虫子并不凶猛。"

一路上，哲哲像昆虫老师一样，讲了很长时间，小法布尔果然名不虚传。把答案告诉女同事，她也敬佩哲哲的博学。后来，哲哲问我："你最终怎么处理蠼螋了。"告诉他把它放到了阳台上，没想到风很大，蠼螋被吹到楼下去了。"那你们楼下是草地么？"楼下其实是柏油马路，但不忍伤害童心，谎说是草地。"嗯，那应该没事，昆虫的体重比较轻，一般都摔不死，尤其是摔在草地上。"然后，又继续津津乐道他的昆虫。

嘿，那个被吹到楼下去的蠼螋，这话你听见了吗?

不想把昆虫做成标本

一期《教师月刊》杂志里,有一篇清华附小校长窦桂梅介绍学生成长故事的系列文章。故事之一是一个名叫"小法布尔嘉华"的学生,痴迷昆虫,还养昆虫,尤其喜欢收集昆虫标本。让哲哲看这篇文章和他收集的昆虫标本图片,让他知道很多孩子有跟他一样的爱好,希望他能继续昆虫研究。没想到,哲哲看后很淡然,一副"哦,我知道了"的表情。

晚上,他告诉我:"爸爸,你知道吗,我不想像那个叫嘉华的同学一样收集标本。""为什么,这不是很好的习惯吗?""不是的,你想啊,标本虽然好看,但要伤害到一个昆虫的生命,我还是喜欢小昆虫能在大自然里自由飞翔,自在活动,而不是为了满足我们的爱好而牺牲它们。"哦,原来是这样。假如昆虫们有思维,应该会更喜欢哲哲吧。

阅读种子

哲哲班级开展阅读活动,全班同学被分成小说、文学、科普和历史四个小组阅读。哲哲没有报小说组,而是选择了科普组,"因为更喜欢昆虫"。每周一上学,他拿着6本《酷虫学校科普漫画书》到学校,说是要和小朋友一起分享。第二周,又换了一批昆虫书。

放学的时候,他告诉我:"爸爸,我们班现在很多人都喜欢《酷虫学校科普漫画书》,大家抢着看,都排到下个月了。""什么排到下个月了?""就是想看的同学太多了,得等前面的同学看完了,才能借着看。""这么受欢迎啊,是因为你吗?我记得你们班小朋友以前不喜欢看昆虫书啊?""是啊,当然是因为我,我不仅借他们书,还给他们讲解昆虫知识呢……"然后又说了一大堆细节。

我常常自诩为一位阅读推广人,希望更多的家庭开展亲子阅读,帮助孩子养成阅读习惯。看到哲哲不知不觉也成为班里的阅读种子,让人油然而生敬佩之情。其实,每个家庭、每个班级乃至每所学校,都需要这样的阅读种子,让更多的人感受到阅读的力量。

阅读小学士

哲哲学校评比读书之星，是按照小学士、小硕士、小博士来分级。问他学校怎么规定的，告诉我，每学期读完 10 本书，可以成为学士。三个学士勋章，也就是读完 30 本书，升到小硕士；三个硕士勋章升级到小博士。

问哲哲："你读书那么多，是不是被评为小博士了？""没有，我现在就得了两个学士奖章。其实呢，我读的很多书都没上报。""为什么不报，升到小博士不好吗？""我是觉得啊，读书是自己的事，没必要告诉别人。"几天后，哲哲很高兴地告诉我："爸爸，今天啊，我代表班级在校长室领取了学士奖章。我们班一共有 4 个人获得，我代表他们领的。"他的骄傲之情溢于言表，还把奖章给我看。我为他高兴："那你以后再接再厉吧，把《生死昆虫记》和刚买的《昆虫大百科》都看完吧！""嗯！"

其实，我和哲哲一样，不太在乎得多少奖章，是不是读书小博士，而是希望他能在阅读中找到乐趣，找到知己，找到方向。

走一路，聊一路

因为爱上昆虫，哲哲变得喜欢和我去公园散步，因为"可以和爸爸好好聊聊昆虫"。

《酷虫学校科普漫画书》哲哲看了很多遍，还推荐同学看。受之影响，我也翻看这本书，没想到吴祥敏的文字确实幽默，而且昆虫知识极其丰富；夏吉安的绘画也非常精彩。于是，在公园健步走的一个多小时里，我俩聊的都是昆虫。

和往常一样，哲哲爱给我出题，如直翅目都有哪些昆虫，举 3 个例子；捕捉足的昆虫都有哪些，说出 5 种。一开始不知道答案，因为看了书，我往往能准确回答几个问题。有时候，我给他出题，如哪种动物的眼睛最大，为什么田鳖的幼虫是挖掘足，长大后却变成了捕捉足。偶尔，我俩还就某些事实展开争论，如捕鸟蛛既然不能捕鸟，为何叫捕鸟蛛？虎甲为什么能在沙漠和热带生存，这两种环境的差别又那么大？

走一路，聊一路，以至于时间不知不觉就过去了。到家了，小家伙埋头继续看，估计下次会问我更难一些的问题。欣赏他的钻研劲头，我又买了《美国国家地理：终极昆虫百科》《自然之灵：甲虫与昆虫》《生死昆虫记》等，因为我知道，在昆虫方面，这些书是比我更好的老师。

要是能上十一学校就好了

出版社的朋友送了一本《中国教育寻变》的书。

我抓紧时间看完了，很敬佩北京市十一学校的改革理念，能坚持下来的确可贵。我给哲哲讲了讲十一学校的教室故事，如学生可以在教室里养昆虫，有200门课可以选，课程也是私人定制的，想学什么就学什么，老师的水平也都很高。

翻出一段给哲哲读，一个同学大年初二到学校给小兔子接生。王春易的生物教室里有各种盒子，里面是各种昆虫的卵。哲哲听了非常感兴趣，让我再找找这样的段落给他看。看完之后，他问我："爸爸，十一学校怎么招生啊，远不远，好进不好进，你说我要是好好学习昆虫，能上这所学校吗？"我鼓励他："只要你成为这方面的专家，你就能上这所伟大的学校。"被鼓励之后，他心情非常好："爸爸，要是我上不了这所学校，你再帮我问问有没有可以在教室里养虫子的学校，做个备选吧。"答应他的同时，我心生悲观。

让学生养虫子很难吗？好像不难。在其中，孩子既增长了昆虫知识，也学会了珍爱生活。但是，现在的学校大多不让养虫子，什么时候我们的教育能提供给孩子一个五彩斑斓的世界呢？

沙漠小讲师

2015年暑假开学前，我带哲哲参加沙漠行走的活动。

到了库布其沙漠，领队说，这里很好玩，可以看见很多沙虫。哲哲不解沙虫是什么，后来见领队指认，才明白所谓的沙虫其实是步甲虫，更准确地说是拟步甲虫。

于是，他在沙漠对同行的小朋友边走边讲，俨然上起了科普课："沙虫是不准确的叫法，而是蜣螂的一种，跟在古代埃及被当作神一样的圣甲虫也不一样，虽都有鞘翅，但圣甲虫的鞘翅偏圆一些，拟步甲虫的鞘翅有一点点尖；另外，它们的食物也不一样，拟步甲虫属于杂食性的，什么都吃，蜣螂最爱吃粪球……"

讲了一路，发现身边的小朋友越来越多，后来哲哲又讲了家里养的小蜥蜴，把蜥蜴的种类、习性、价格、饲养方法等唠叨了一路。在我看来，哲哲是个标准的沙漠讲师；在其他小朋友看来，这堂课估计也很好玩吧。

放了小蜥蜴

傍晚，安营扎寨的时候，哲哲和一小听众在附近玩，没一会儿高呼："爸爸，快来看，我捉到了一只蜥蜴。"果然，见他手里握着一只小蜥蜴。"爸爸，刚才我在沙漠里走，看到很多脚印，还有一些拟步甲虫的残肢，我就知道附近一定有蜥蜴。这时候，他看见了一个小洞……"哲哲指了指和他一起的小朋友，继续道，"他蹲下来，用手往里一探，你猜怎么，窜出一只小蜥蜴，我一下子把它捉住了。"

拿着小蜥蜴让其他大小朋友欣赏后，那个小朋友想把它带回家，哲哲不同意，执意要放掉，还耐心说服小听众让小蜥蜴回家，最后两人达成一致，由最早发现的小朋友放回洞口。

见小蜥蜴游走得越来越远，哲哲才放心地去欣赏沙漠里的落日，眼睛里满是光芒。

一定不是蝎子

晚上露营的时候，每个小组都在用露营灯照明吃饭。吃着吃着，一个大朋友跑来，告诫我们要小心沙漠里的蝎子，他刚才就被蝎子咬了，特别疼。大家感谢他的好心劝告。深夜，大家仰望夜空聊天时，哲哲悄悄对我说："爸爸，那个大哥哥一定说错了，肯定不是蝎子咬的，因为蝎子没有趋光性，我估计是一种蠼螋或者沙漠蛛蜂干的，它们是有趋光性的，也咬人，但也不确定是哪一种，我得回去查查看，要不问问吴阿姨，她肯定知道……"

对哲哲这种判断，我很佩服，善观察勤反思，反驳得有理有据，又不轻易下结论，真正的昆虫学家就是这样的吧。

竹节虫怎样繁殖后代

转眼到了 9 月，哲哲上五年级了。每天放学路上，我俩继续聊学校生活，还有他喜爱的昆虫。

"爸爸，我发现交尾时雌性吃掉雄性的虫子并不多，目前好像只有蛛形纲里的黑寡妇蜘蛛和昆虫纲里的螳螂是这样，而且也不是所有的螳螂都这样，中华大刀螳螂比较常见一些。"哲哲最近在看朱耀沂的《情色昆虫记》。作为台湾著名的昆虫学家，朱耀沂的文字无论在视野上还是论述上，都很吸引人，引得哲哲大加赞叹，以至于很想去台湾读大学，就读台大昆虫学系。

许是意犹未尽，他又开始发问："爸爸，你知道吗，昆虫确实很奇怪，你看蜗牛是雌雄同体的，就跟蚯蚓一样。虫脩，也叫竹节虫的，雌性可以自己生小竹节虫，交尾后也能生，那个蚜虫、蟑螂也有这个特点。我不太明白的是，你说交尾后生的和自我繁殖的后代，有什么区别呢？还有，为什么动物需要分雌性和雄性呢……"我也不知道答案，看来他只能问问朱耀沂本人，或请教真正的昆虫专家了。

还有，我也好奇竹节虫到底是怎样独自繁殖后代的？要不要养一只看看，我发现我中哲哲的"毒"越来越深了。

昆虫演说家

开学第一周，哲哲学校举行假期总结活动。

哲哲有幸在全年级 200 多名同学面前讲述自己的阅读经验。班主任告知这个消息后，小家伙开始准备，"我觉得还是讲昆虫吧，这方面我比较熟悉"，然后认真做PPT，列了"兴趣第一""图文结合""了解作者""活学活用""扩大视野""与人交流"等关键词，做完还让我提点建议。加以调整完善后，他睡前反复练习，在我和哲哲妈面前，抑扬顿挫地讲自己的昆虫阅读之旅。

正式讲演那天，家长没让参加。接他时，问他效果如何，他告诉我："还不错，就是中间停顿了一小下，结束时掌声特别热烈。我还问了认识的好朋友，他们都说我讲得很好。"我表扬小家伙："下次争取在更多的人面前推广你的阅读理念，让更多的人喜欢昆虫，好吧？"他回答得很干脆，而我，期待那一天早点到来。

养昆虫

做完昆虫演讲，哲哲开始思考养昆虫的问题，于是问我："爸爸，如果你可以养一种昆虫，想养哪一种？"我想了一会儿，脑海中浮现蜻蜓的样子，但一想蜻蜓好像没法养，告诉他："这种昆虫我想养但养不了。"小家伙很好奇："什么昆虫呢？""蜻蜓。""爸爸，你知道吗，蜻蜓可以养的。"然后，噔噔噔地下床，拿出一期《博物》过来，然后给我看如何养蜻蜓的介绍，还说了自己的看法。

这本《博物》是 2010 年的一期。由于参加了创刊发布会，杂志社一直给我邮寄，我觉得长大的哲哲会喜欢，没想到现在的他把几十本《博物》翻阅了好几遍，里面的内容如数家珍。受教之余，我决定带他去《博物》杂志社，把缺的几期都补上。另外，等春天来临的时候，要遵照哲哲老师的教诲，养一次蜻蜓。

成语大赛

为了积攒养昆虫的资金，哲哲要跟我成语比赛，输的一方要给对方发红包。

一想到成语，我自信可以甩小家伙几条街，于是欣然应战。"爸爸，有个要求，咱们说的成语必须是跟昆虫有关的，我先说一个吧，螳臂当车。""蜻蜓点水。""嗯，不错，金蝉脱壳，该你了。""蝎子摆尾。""不对，爸爸，蝎子不是昆虫，这个不算。""那狂蜂浪蝶算吗？""这个，勉强算吧，该我了，飞蛾扑火。""蝇头小利。""朝生暮死。""哎，这个也不是说昆虫啊。"我提出反对意见。"爸爸，这个成语是形容蜉蝣的，早晨出生，晚上死去，没问题的。"发现在哲哲面前，我的昆虫知识太匮乏了。

比赛继续，我这边冥思苦想，小家伙那边接连抛出螳螂捕蝉、破茧成蝶等一个个成语，高下立判，我只能缴械认输，这个红包我输得心服口服。

昆虫知识有奖问答

从我这里赢得红包，哲哲没有选择买昆虫，而是在他的微信朋友圈里预告某天下午两点开始有奖问答的消息。到了时间点，微信里果然传来信息，原来是他建了一个"昆虫订阅号"的群，其中有我、哲哲和他的几个好友。

不一会儿，哲哲提出问题："黑死病是由什么昆虫引起的？"后面标注四星，奖励5元红包（哲哲解释，三星以下不可以上网查，四星以上可以）。我记得黑死病是鼠疫引起的，被哲哲判错。赶紧上网查，才知道是老鼠身上的跳蚤引发了14世纪欧洲的大灾难。

之后，哲哲又发了几张昆虫图片、若干问题让我们回答。平日里在小法布尔身边耳濡目染，我因此赢了12元红包。那天下午，哲哲把从我这里挣的红包基本都发出去了，尽管最后又回到自己的账户，我很喜欢这种游戏，看来在引导他人学习方面，哲哲做得很到位。

是金龟的幼虫

一位朋友从微信上发来一段视频，让我问问哲哲是什么昆虫的幼虫。

白白的、胖胖的，在土里扭来扭去，感觉像是蝉。小家伙拿过来一看，告诉我："爸爸，这不是蝉的幼虫，而是金龟的幼虫。"

反馈给朋友，朋友告诉我哲哲说错了，不是金龟而是独角仙的幼虫，"反正卖家说的是独角仙"。以为哲哲看走了眼，把这话告诉他时，他有板有眼地纠正我："爸爸，独角仙与金龟都属于金龟科，也叫双叉犀金龟，两者的幼虫非常像，不过是一个大些一个小些，只看照片很难看出来的。"顿了一会儿，又说："要是独角仙的话，这只一定是母的独角仙。"

又给朋友传话，朋友发来信息："说对了，公的那只在另外一个盒子里。"原来他的孩子也喜欢昆虫，朋友从网上买了一对独角仙给孩子玩。专家就是专家，果然名不虚传。

宠物的故事

去看爬虫展

哲哲的微信里有一些昆虫订阅号。

一天早晨，他兴奋地告诉我："爸爸，今年五一北京有个爬虫展，我一定要去看，去沙漠远足的计划我们推迟一下吧。""爬虫展比沙漠还好玩吗？""你不知道，爬虫展有很多好玩的动物，还可以看到各种蜥蜴、鳄鱼呢。更重要的是，有卖各种活体的。我都想好了，到时候买一只绿鬣蜥，听说它可以长到两米，真要是养那么大，带出去一定很好玩。"小家伙陷入一种莫名的兴奋，哈哈大笑起来。

我不太希望哲哲带着那么大的蜥蜴去逛街，不过支持他参加爬虫展。想着五一一到，就和哲哲一起去看，一方面是扫自己对爬虫不太了解的盲，看看绿鬣蜥到底长什么样；另一方面是让哲哲有近距离接触专家的机会，满足他"以后要当一名昆虫学家"的梦想。

怎样养爬虫

第二天上学路上，哲哲开聊养爬虫的方法。

"爸爸，你知道吗？现在人们最常养的鳄鱼是泰鳄、凯门鳄和侏儒鳄，前两个比较常见，侏儒鳄牙齿最不锋利。养鳄鱼最好用结实的储物箱，养鱼的玻璃箱不行的，鳄鱼会撞坏的，它力气可大了。""那它吃什么？""小鱼、蜥蜴、小兔子都行的。还要经常让它晒太阳，否则会生病的，冷血动物又要晒太阳，鲨鱼也是冷血动物，但有一种鲨鱼是温血的……你知道吗，体形最大的鳄鱼是鲸鲨，最凶猛的是巨齿鲨，最难看的是皱腮鲨，在《逆境鲨王》里它就是反派人物。还有啊，鳄鱼一次虽然产50枚蛋，但在大自然里只有一枚能成年，那时候它就什么都不怕了……养蜥蜴的箱子要足够大，要有暖灯，蜥蜴的尾巴是身体的2—3倍呢……"

哲哲一会儿说鳄鱼，一会儿说鲨鱼，一会儿又转移到蜥蜴上，我开动脑筋，才勉强跟得上他的思路，跟未来的动物学家打交道真是要打起十二分精神呢！

小蜥蜴有温暖的家了

临近五一，哲哲愈发兴奋，因为"爬虫展就要开始了"。

"爸爸，你知道绿鬣蜥的尾巴有多长吗？最大的快两米了。你说咱们是养一只吃素的还是吃荤的蜥蜴呢？我觉得荤素搭配比较好。还有啊，蜥蜴要在30度左右的环境下才能好好生活，还必须经常晒太阳，要不它会得病的，咱们买个恒温箱吧……"闲下来的时候，哲哲爱跟我聊他的蜥蜴，从种类、习性、价格，还条分缕析他的饲养计划。

家里各种鱼缸、蝎子缸已经好多，不太想再买恒温箱了，所以一直没松口。没想到，一天加班到家后，小家伙告诉我："爸爸，我今天特别高兴。""为什么高兴？""因为，妈妈下单帮我买了恒温箱，这下小蜥蜴有个温暖的家了。"原来小家伙讨妈妈欢心，小伎俩终于得逞。事已至此，就遂了哲哲的愿吧。

小蜥的男朋友

小蜥蜴买到家后，哲哲给它取名小C。随着小C逐渐长大，哲哲想着给它找个男朋友。

哲哲妈带他去了朝来花鸟市场，哲哲直奔卖家，表示"我就是网上跟你谈好价格的那个人"。卖家很干脆地以400元底价成交，买爬虫沙时顺便也优惠了5元，还说好春节寄养有优惠。回家路上，小家伙告诉我，他在网上找了好多家店，符合小蜥男朋友条件的不多，要么太小，要么太贵，还是这家比较靠谱，都是30厘米长，同属于橙色系。果冻系也不错，就是太贵。原来货比三家，早就规划好了，小家伙蛮有商人的潜质。

到家后，两只蜥蜴被放在一起。"爸爸，小蜥的男朋友就叫小E吧，你说它们明年能下蛋吗，要是下许多蛋，孵出小蜥蜴来，咱们就卖吧，应该能卖不少钱呢……"我告诉他，养蜥蜴还要多观察它们的生活习性，往昆虫学家的方向发展，而不是只成为一个商人。我不知哲哲未来会成为什么，但只要从爱好中自得其乐，也算是很有价值的经历。

就像人进入青春期

小C和小E刚在一起，爬虫箱里就安静不下来了。

它们一会儿相互抢食，一会儿互占领地，一会儿又明目张胆地谈恋爱。只见小E下巴变成了黑色，头部一上一下晃动，而小C则躲着，背对着小E，还不停地摆动左前爪。问哲哲这是什么意思，他告诉我："这是小E在发情呢，想让小C做它女朋友。""那小C摆手呢？""摆手是表示屈服，这个领地让给你了，你说了算的意思……""那小E什么时候下巴不变黑啊？""哎呀，这就像人进入青春期，都是很正常的现象，过了这段，小E就不会变黑了，会老实很多的。"

如此比喻，让人忍俊不禁。"不变黑了，是不是意味着它们生小宝宝了？""差不多吧。"小家伙给出结论，"不过，现在它们还小，不适合生宝宝，得等到明年夏天吧，那时候也许可以产卵……"从他的语气来看，似乎比我更明白青春期意味着什么，会有什么，以及该如何应对。如此一看，需要调整心态的人是我，我只需静观他的成长，老老实实写他的成长故事。

大田鳖驾到

没过多久，哲哲买的大田鳖到货了。

他很喜欢这种别人不太会喜欢的昆虫，总跟好友们念叨。一位叫乐乐的朋友给他的明信片上就写着"祝你早日捉到大田鳖"。最后大田鳖没捉到，改花钱买了。

下单后，他每天查看物流进展，就像我小时候数着日子过年一样。

看到朝思暮想的活物，他兴奋得不行，但大田鳖以头朝下屁股朝上的姿势，很长时间一动不动，哲哲妈以为路上折腾死了。哲哲耐心给妈妈解释："不会的，因为大田鳖的呼吸器在尾部，就是那个吸管一样的东西，跟蝗虫的气门是一样的，它这样是在呼吸！"果然，没多久，大田鳖欢实地游起来。下午，哲哲去市场买了泥鳅和小鱼喂它。晚上，姥姥看泥鳅死了，以为大田鳖不吃，埋怨哲哲浪费。哲哲又解释："大田鳖和蜘蛛一样，是吸食型的昆虫。食物外表看上去没变化，但里面是空的。"拿出来一看，泥鳅果然像蝉蜕一样。

晚上听见似乎有麻雀在突突飞，还伴着咔嚓咔嚓磨刀的声音。原来是没盖好盖子，大田鳖跑出来一只。第二天告诫哲哲要管理好自己的宠物，小家伙又向我解释："是这样的，大田鳖就是在夜里飞，白天很安静，这对大田鳖果然成年了……"全然不提自己的管理失责。好吧，我承认，听小法布尔讲昆虫，很长见识。

大田鳖生小田鳖了

大田鳖养了几个月，某天鱼缸里多了一层东西。

"爸爸，大田鳖产卵了，你看——""原来是卵啊。对了，书上说大田鳖不是把卵产在雄性的背上吗，怎么在木头上，不会是它们太粗心了吧？""哎呀，那是负子蝽，大田鳖又叫鳖蝽，不产仔在背上的。""哦，是这样啊。"

没几天，那排卵被大田鳖夫妇胡乱地打乱，我赶紧叫哲哲看大田鳖父母是不是发疯了。他告诉我，可能是卵需要水分，没事的。又过了几天，小田鳖一个个孵出来，像小鱼一样在鱼缸里游来游去。哲哲特别高兴，想着到学校拉一些买主，结果只有一个同学感兴趣，颇让他失望。我告诫他，养大田鳖不是为了赚钱，多观察小田鳖的成长，对照科普书的介绍多做研究才是正道，将来写一本《大田鳖生活习性研究》的专著，保准比卖昆虫赚的钱多。

接下来几天，他开始查资料，没事还向我科普，看来专著的出版有戏。如果鹦鹉、蜥蜴、狗狗等专著也能陆续写出来，估计我可以像郑渊洁一样，从报社辞职，做个专职经纪人了。

大田鳖不见了

从那以后，哲哲多了新任务。每天放学后给大田鳖妈妈和小田鳖喂完食、拍照，才开始写作业。

一天写完作业，他发现忘记盖盖子的鱼缸里，已然不见他挚爱的大田鳖，到处找也没找到。是藏到沙发下面了，还是飞到窗外去了？他很疑惑。本以为他会继续在房间里找，没想到他打开苹果电脑，开启语音功能，求教 siri。

小家伙细细的声音传出来："我的大田鳖不见了，你知道它去哪了吗？"隔了几秒，siri 回答："我找到附近 15 家餐馆，看看有没有你想去的……"在一旁的我一下子笑喷了。哲哲一声叹息，"也不知道大田鳖会不会找不到吃的，会不会饿死。爸爸，你说它因为什么离家出走呢……"许是为自己的粗心懊悔，晚上他还特意睡在客厅，以便听听大田鳖的动静。

第二天一早，哲哲很高兴地告诉我，大田鳖找到了，原来在花盆里呢。"那这回你要好好珍惜，别让它飞走了哦。"他使劲点了点头。

我家变成了动物园

再之后，哲哲又买了孔雀鱼。

2016 年元旦后的一天早晨，我还没睡醒，哲哲就跑过来，大声说："爸爸，咱家的孔雀鱼生小鱼啦，快起来看看……"在他的房间里，真的看见鱼缸里有浮絮在漂动，告诉小家伙："嗯，我看到了，那些像水母一样漂着的，就是小鱼卵吧。"

哲哲很鄙夷地说："爸爸，那是母鱼拉的屎，你再仔细看看，那游动的黑色的点点才是小鱼……"我聚精会神地看，看到不少小鱼一努一努地游着。"爸爸，我给这些小鱼都起了名字了。"然后，他告诉我起了什么名字和为什么起这样的名字。

环视家里的小狗亮亮，已变单身的雨林蝎林林，经常打架的小 C 和小 E，已经当妈的大田鳖田田及其诸多幼子，还有鱼缸里的孔雀鱼……感觉我家真成动物园了。

小小思想家

书跟人一样

我参加新阅读研究所组织的中国童书榜评选后，告诉哲哲他喜欢的《酷虫学校科普漫画书》榜上有名。

哲哲听了很高兴，问还有什么书，我告诉他还有他喜欢的《寻找鱼王》《跑跑镇》《暴风雨之夜》等。《跑跑镇》因为特别受评委喜欢，被排在了前几名。他一听，反驳我："爸爸，其实啊，书跟人一样，都有自己的特点，不能分什么这本书第一，那本书第二的。只要是好书，都应该让小孩多看看。比如吧，《跑跑镇》我看过，虽然好，但更适合小小孩；《暴风雨之夜》呢，也很好看，我特别喜欢这个故事，我想其他人也会喜欢。所以，还是别排名了？"

不得不承认，哲哲的话有一定道理，兼顾了每本书的内涵与背后的使命。这也督促我还要继续多看童书，寻找好书，把每一本书的特色最大限度地发掘出来，让更多孩子受益。

小孩该看小孩的书

客观地看，哲哲是非常靠谱的阅读推广人，因为他经常推荐好书给同学。

一次，他带给瑶瑶同学一本《猫武士》，瑶瑶同学带的是白话版《水浒传》。一周后，问他交换图书心得，哲哲一声叹息："哎，瑶瑶想借的书我家都有，我想读的书她家却没有。她家都是一些文学名著，像什么《家》《春》《秋》《四世同堂》《骆驼祥子》

我不过生日　　　是不希望你和妈妈变老

生日前几天，他低低地对我说："爸爸，我不想过生日了。""为什么？你不是一直期待你的生日蛋糕吗？""爸爸，你说，过完生日，我是不是就长大了一岁？""嗯，长大了多好啊，可以做更多的事情！""好是好，可你是不是就老了一岁？""嗯，你长大了，爸爸就老了，这是自然规律啊！"

　　过了好一会儿，他又说："爸爸，我不过生日，是不希望你和妈妈变老。"那一刻，我的心着实被电击了一下。

什么的。还有啊，爸爸，你知道吗，瑶瑶的爷爷让她读这些书，不许读别的书。""那你觉得这样好吗？""没什么不好吧，也许每个人的阅读兴趣不一样，但我觉得小孩就应该多读一些适合小孩的书，你说呢？"

我表扬了小家伙的看法。我知道现在很多家长对孩子阅读有些误解，看到孩子在看语文教材才觉得是在读书，或者只要看书就觉得很好，全然不看孩子在读什么。也有的家长按自己的喜好来主导孩子的阅读，没有给孩子选择空间，这些都在一定程度上陷入了阅读误区。由此可见，推广阅读，让孩子多读经典童书，还任重道远。

谁说话就让谁表演节目

在读过的奇幻小说中，哲哲非常喜欢 C.S. 刘易斯的《纳尼亚传奇》。读这个故事时，哲哲说感觉就像真的进入一个神秘的世界。

讲到阿斯兰、凯斯宾、彼得等打败弥若兹后，大家朝小镇走去，书中有段话是这样写的——他们首先来到一所女子学校。这里正在上历史课，课的内容是弥若兹统治下的纳尼亚，净是些胡说八道。"格温多伦，你要是再不注意听讲，继续往窗外看的话，我将记下你的名字，扣你的分数。"严厉的女教师威胁一个女学生。"可是，老师……"格温多伦想开口辩解。"你没听见我说的话吗？""可是，夫人……""胡言乱语，扰乱课堂，扣两分。"但是，阿斯兰一出现，女教师就吓跑了……

哲哲插话："爸爸，这个女教师的做法跟我们学校的老师有点像。我们老师也总是说要扣几分几分的。""你觉得这样好不好？""不好吧。小孩子总是爱动，管不住自己，说几句话很正常的。""谁都说几句，课堂就嗡嗡嗡地让人受不了了。""我觉得啊，谁说话就让谁站起来表演一个节目，哈哈！"这个主意倒是不错，效果肯定很好。

我觉得现在挺好的

讲完两章故事，哲哲还不想睡觉，要自己随便看看书。

他从书架上抽出一本法国童书作家旁帝的《卖爸爸妈妈的商店》。在书中，旁帝罗列了各种父母的爱好与特点。看他看得入迷，就问他："宝贝，你想换父母吗？""不想。""为什么啊？""因为他们长得太吓人了。""如果他们和我们一样长得很好看呢？""那——"他沉思了一会儿，说："那我也不换，我觉得现在挺好的，你们也挺好的。""你看，这对父母很有钱的，想买什么就可以买什么！"我翻开一页给哲哲看。

"有钱怎么了？有钱能买到一切吗？再说了，我觉得越有钱的父母越没时间陪孩子。"我不知道后面那句话是哲哲从哪得出来的结论，但好像挺有道理。

读书有味

达·芬奇还画过鸡蛋

哲哲二年级上学期时，一个周五下午，我去哲哲班讲了一次图画书。

为了照顾小朋友的不同个性，我特意选了 4 本:《冬冬，等一下》《松鼠先生和第一场雪》《艺术大魔法》和《驿马》。前两本很搞笑，让孩子感知好玩的故事，第三本是一个很有想象力的图画书，《驿马》则让他们领略中国传统文化的魅力。小朋友的反应很热烈，发言也很积极，还不时迸发无比开心的笑声。

我讲《艺术大魔法》时，问他们:"你们知道那只蜥蜴为何叫达芬蜥吗?""知道，因为有个画家叫达·芬奇——""那你们知道达·芬奇画过什么吗?""画过蒙娜丽莎!""对，还有吗?""画过一个女的，还有一个胖胖的小孩。""嗯，对了，那幅画叫《圣母、圣婴和圣安妮》。还有其他答案吗?"此时，哲哲洪亮地喊了一声:"有，他还画过鸡蛋——"这个答案一下子让我笑喷了，和小朋友在一起总是欢乐多。

《驿马》是追求梦想的故事

给孩子读《驿马》的时候，教室里没有一丝杂音。

"青杨是一匹驿站的马。小时候，青杨经常听爸爸妈妈说起一个美丽的地方，在那儿，天蓝得像缎子一样，云白得像牛奶一样;河蓝得像宝石一样，羊白得像云彩一样。它，就是楼兰……"这本书我读过很多遍，每次读都觉得萧袤的文字有穿越时空的美。

记得刚买这本书时，给哲哲读过一次。后来问他课堂上听我读有什么不一样的感受。他歪头想了一会儿，说："你第一次读的时候，我没什么感觉，就是觉得故事很好听。今天听你读啊，觉得这个故事很深刻。""怎么个深刻呢？""我觉得啊，人类要保护环境，要不很多地方都会像楼兰一样，GAME OVER 了。""如果让你用一个词来概括这个故事，你会用什么词？"他又沉思片刻，说："追求梦想——我觉得这是一个追求梦想的故事，尽管最终梦想的结果让人很难受。"

我很佩服一个七岁孩子有如此强烈的艺术感知力。如果萧袤听了这话，想必也会引之为知己吧。

我会遵守约定的

班级读书回来，感觉有必要记录哲哲读过的书。

于是，简单写下他的阅读书目，并写下故事简介和推荐理由。小家伙看后，觉得写得不够好，自告奋勇要独立完成。"那你能坚持每周推荐吗？""没问题。"我看他回答得认真而坚定，便答应给他一些物质奖励。"爸爸，我会遵守约定的，但你也要遵守约定，不能忘了物质奖励哦！"保险起见，他和我签了一个合作合同。

于是，《记忆传授人》《冰龙》《猫武士》《我要做好孩子》《明日香，生日快乐》《自行车》《座头鲸的双面生活》以及"波西·杰克逊"系列等一期期搬上来，看着他如阅读推广人一般熟练地写着推荐理由，感觉未来他能成为比我强太多的文字大家。

这些书单通过微信公众号发出后，许多读者在后台留言，表示愿意跟哲哲一起读书。我知道，到了小学高段，每天能捧起一本书的孩子少之又少，而能坚持下来的就是名副其实的小书虫。

咱们五五分成吧

自从在微信上推荐哲哲书单以来，许多朋友后台留言表示很喜欢。一位老师还问我，故事简介和推荐理由是不是哲哲自己写的。我告诉她，是按照约定来的，我只改了个别错别字,基本是全文照发。这位老师很喜欢哲哲的文字,还给了不少红包。

把这个消息告诉哲哲,小家伙很高兴。"爸爸,要不咱们五五分成吧。虽然内容是我写的,但你敲字也很辛苦,还指出我哪里写得不够好,让我越写越好。""那好吧,就这么定了,希望我们合作愉快。"问他赞赏怎么花,他回答得很干脆:"当然是买最新一期的《博物》了……"想起郑渊洁和郑亚旗父子,一个写作一个营销,合作得蛮愉快。将来和哲哲会不会也成父子档?那种美好,想想都期待。

《三体》妙不可言

哲哲坚持每周推荐三本书的节奏,我隔段时间请他吃一次必胜客。

有一周,哲哲除了两本昆虫书,还推荐了刘慈欣的《三体》。那是一个月前,我在写怎么给孩子读科幻作品时特意买的,因为这是绕不过去的经典。买来后,没有时间细读,反倒是哲哲拿过这本书,看得极其认真,还告诉我:"这本书太好看了,简直妙不可言,尤其是三体和地球人对话那段,我反复看了好几遍。"

第一本很快看完了,第二本他拿到学校,利用放学后等我去接他的时间看。有时候,早晨骑不了车,他就坐在我的自行车后面看。

在那期哲哲书单后,我加了一句,"如今的哲哲在阅读方面比我做得好,比我更像一个终身读者。"的确,以前是我领着他读书,现在是他向我推荐好书,我俩多年父子不只成兄弟,还成了书友。

书单我会写的

坚持了两个多月,要毕业考试了,哲哲作业有点多,虽然继续在看书,但推荐书单没有写完。他答应我:"爸爸,书单我会写的,你别着急啊。"

等特长生测试和周日的学校管乐团排练结束,小家伙开始写推荐书单。写完后,我表扬他说话算数,他也表扬我比较宽容。正好读到奥地利心理学家阿尔弗雷德·阿德勒谈对孩子的尊重和鼓励。他说,家庭教育最特殊的一点,就是以尊重和尊严对待每一个人。每一个基于奖励或惩罚机制的方法,都不是以尊重和尊严对待孩子,这是底线。不仅父母与子女之间应该如此，夫妻之间也应该如此，所有人与人之间的关系都应该如此。

真心尊重孩子，乃至尊重陌生人，都很难；但坚持践行，孩子会更好长大，成为我们希望的那个遵守约定、知行合一的好孩子。

精神成长史

期末考试之后就放假了，跟哲哲商量把每天看的书做个记录，如记一下书名、作者。如果觉得有好玩的情节或句子，也写一写、抄一抄，坚持下去爸爸会奖励。没想到一个寒假过去，书是看了不少，但他只写了一页读书笔记。

新学期开学，督促他把这项工作做好。第一天，递给他秦文君的代表作《男生贾里》，因为主人公比他大两岁，正是他蹦一蹦够得着的题材。很快，小家伙进入剧情，用两天时间读完了，老老实实地记了读书笔记，写了很多赞扬作者的话，还推荐我看看。之后又把沈石溪的《红豺》推荐给他。没想到，这本书很受欢迎，他读到晚上1点多才睡。读书笔记上也写了不少字，还记录了书中的一些常识错误，如"水蛭绝不会从豺的鼻孔钻进去，因为里面没有血"。

让哲哲做读书笔记，不是显摆他读了多少书，而是希望他养成读写结合的习惯，多品味书中的故事，知道哪本书好以及好在哪里。更重要的是，长大后的他再翻阅读书笔记，就可以发现自己的精神成长史，找到思想的源头。

走上自主阅读之路

哲哲坚持读书记笔记已经半年了。一天，打开哲哲的小本本，发现记了不少东西。"3月20日，《风之王》，很好看的动物小说；3月21—22日，《狗的家世》，是我看过的最好的狗科普书；3月23日，《最后的藏羚群》，《狼罐河》（注：哲哲写了别字，应该是《狼獾河》）的故事真美；3月24—25日，《昆虫Q&A》，最好的昆虫问答书；3月26日，《逆境鲨王》（1），格雷遇到德林诺克，一场大战要开始了；3月27日，《逆境鲨王》（2）；3月27日，《逆境鲨王》（2）……"

我知道哲哲接下来的日子都要沉浸在鲨鱼的世界里了。我还知道，他慢慢走上了自主阅读之路，空闲的时间里不用我催促，他就能拿出一本他喜欢的书，看得津津有味。我甚至计划给他买一个懒人沙发，就是躺上去自然而然产生一种舒舒服服感觉的沙发，加上一个移动的小书架，上面摆着他喜欢的要看的书。我也迫不及待地想坐在懒人沙发上，把所有的休闲时光用在读书上，不管外面的风雨。

走进历史深处

历史书籍该登场了

哲哲 9 岁时，一天送他上学的路上，说到养育小孩的问题，我不由得感慨长大不容易。"哲哲，你知道吗，爸爸和妈妈养育你 8 年，8 年啊，按照以前的说法，相当于打了一场抗日战争呢！"本以为他会附和我的劳苦，没想到他却跑题了："爸爸，你说人类为什么总是发生战争？我们为什么那么恨日本人呢？"他的发问让我很意外，我开动脑筋找答案："我们恨日本人，因为他们不仅掠走了中国很多财富，还杀了很多中国人。你说，亲人都被杀死了，能不恨吗？至于为什么发生战争，是因为啊，人类很贪婪，总是想拿走别人的好东西……"讲着讲着，我突然感觉说得也不尽然，告诉他我得好好思考一下再回答这个问题。

一直以来，总以为哲哲什么都不懂，对于战争、历史、政治等还缺乏了解的欲望，现在感觉书架上的《穿条纹衣服的男孩》《写给儿童的中国历史》《吴姐姐讲历史》等书籍，该登场亮相了。

几天后，买了一套台湾学者陈卫平的《写给儿童的中国历史》。我俩一起翻开图书，开始走向浩瀚的历史。

拿破仑根本不是什么英雄

说到战争，心血来潮地给哲哲讲了一个经典战役：法国皇帝拿破仑指挥大军与普鲁士等国的联军打仗。他利用一些老弱残兵，假装败退，吸引联军追赶到刚刚结冰的湖面上。等大批军队准备渡过冰面时,拿破仑的军队开始向湖面进行猛烈轰击。顷刻之间,冰面破碎,联军的士兵们纷纷落水,好几千人葬身湖底。这是以少胜多的奥斯特利茨战役,也是拿破仑一生指挥的最伟大的战斗。

本以为他会崇拜拿破仑在奥斯特利茨战役中的高超军事指挥才能,没想到哲哲的回答却是:"这个拿破仑杀人太多了,根本不是什么英雄!""那你觉得什么是英雄?""英雄是让世界变得更好的人,像花婆婆那样的。"

"所谓英雄,就是在大的历史背景下做出了伟大的事。"《秦颂》导演周晓文在接受记者采访时,如此定义英雄。张艺谋心中的英雄,不是雄姿勃发、阳刚惨烈,而是那个"承担最多的人"。在哲哲的眼中,英雄更接近医生或神父——救人而非杀人。相对而言,儿童眼中的英雄更接近英雄的本真定义吧。

古代怎么总是打打杀杀

为了拓宽哲哲的历史知识,陈卫平主编的《写给儿童的中国历史》,我以每天一集的节奏给他读。

讲到齐国将军田单的火牛阵、秦国大将白起的长平之战一节,哲哲歪头提问:"爸爸,战争太可怕了,死了那么多人。你说,古代怎么总是打打杀杀的,老发生战争呢?"我一时语塞,想了一会儿,告诉哲哲:"战争都是为了争夺资源,背后与什么粮食、煤矿、石油、土地、信仰等都有关,但主要是为了经济利益,就是钱。"他似懂非懂,也许以后会明白战争的真相。

历史事实或许无法还原,但明辨是非、惩恶扬善的历史观,是不会过时的。一个好的儿童史书,能唤起孩子对历史的兴趣,也能使其咂摸出历史的味道,背后则是塑造孩子一种积极而科学的历史观。

讲讲历史吧

之后开读《少年读史记》,小家伙大加赞叹,认为写得好,尤其是楚霸王项羽的故事很有趣:项羽力气大,能打仗,有志气,就是"自杀了有点可惜"。

我见他对西楚霸王感兴趣，就讲了楚汉之争的大致经过，以及项羽为何会失败，"他啊，主要败在他不够决绝的性格上。"过了一会儿，小家伙央求道："爸爸，你给我讲讲中国历史吧，从原始人那开始。"深吸一口气，大脑迅速倒带，然后把历史的朝代大致给他梳理了一遍，好在我中学时历史学得不错，各个朝代的起始年都记得。讲完之后，被表扬："爸爸真厉害，什么都知道。"

　　我充其量是个背书高手，如性格决定命运的道理，我还是读过《明朝那些事儿》之后才知道的。而哲哲看完《三国演义》后，告诉我："我发现很多人喜欢诸葛亮，不只是因为他聪明，最主要的是他非常忠诚，忠诚对于一个人很重要，能让人敬佩和喜欢……"那一刻，我感觉他已摸到了历史人物褒贬的标尺。这个暑假，从《少年读史记》开始，向历史的更深处漫溯吧。

阅读有大用

我看看奥特曼能招多少人

哲哲上幼儿园时，超喜欢奥特曼。一天他告诉我，老师让带一本书去学校，于是不知从哪里翻出来一套《奥特曼全集》，决定拿去学校。我很不解，《奥特曼全集》画得很粗糙，怪兽形象丑陋，哪里比得上有那么多好看的图画书。

放学接他，哲哲冲上来，高喊："爸爸，你知道吗？今天好多同学都围上来看我的奥特曼，还有很多女生呢，太好玩了。"晚上，哲哲又选了他最喜欢的《戴拿奥特曼》那本，说："我看看明天这个奥特曼能招多少人。"哲哲吐出的那个"招"字，让我想起《少年闰土》里闰土捕麻雀的筶箩，不知道又有多少小朋友入了他的彀。

飞利浦真是个天才

同样搞笑的是，一次饭后看电视，正播着飞利浦电器的广告。

我给哲哲科普："飞利浦是世界上最大的电气公司之一，总部在荷兰，公司创始人的名字叫飞利浦。很多小电器和球场上的照明灯就是他生产的……"还没说完，哲哲感慨道："爸爸，飞利浦真厉害，他不仅能走钢丝，还能办公司，是个全才啊！"

"你说得不对，在美国世贸大厦走钢索的那个叫菲利普·帕特，飞利浦电气的创始人是杰拉德·飞利浦。"哲哲的答案虽然错了，但说明他的记忆力很好，《高空走索人》很早之前读的，我只讲了一遍，没想到却深深印在了他的脑海里。

好书就像一粒种子，读过一遍便扎根在孩子的心里。

图画都和真人特别像

哲哲上小学一年级时，我苦于手边没有适合哲哲的新书，正巧看到"玛蒂娜"系列，索性买了一套。

这套书不错，就像书中推荐语所说的——"凡是一个中国孩子正在经历的生活，玛蒂娜故事书里都有。而很多孩子渴望经历的生活，玛蒂娜也能带你去实现。"哲哲也喜欢这个故事。开读没多久，哲哲仰头告诉我："爸爸，我有一个发现。""什么发现？""我发现啊，这本书和其他的书有一个很明显的区别。就是这本书的图画都和真人特别像。"比利时诗人吉贝尔·德莱雅、画家马塞尔·马里耶合作的"玛蒂娜"系列，的确像真人照片一般，真实地描绘了比利时的乡间、城镇，让人心驰神往。

尽管一般人都能看出来这一点，但这话从6岁的哲哲嘴里说出来，还是让我有种说不出的快乐。因为之于孩子，审美、绘画的能力，想象力、讲故事的能力，就是在阅读经典图画书的过程中慢慢建立和发展起来的，而这些能力会让他们有一双发现美、感受美的眼睛。

以书为媒

玛蒂娜之后，一些好玩的漫画、桥梁书陆续进入亲子共读书单。

一天，哲哲在放学的路上跟我讲了交新朋友的事："爸爸，我和方方、淘淘同学都成好朋友了。""我记得你以前还说他们不是你的菜来着，怎么成好朋友了？""我啊，拿了《淘气包谢得意》给他们看，没想到他们一下子就喜欢上了。然后啊，我们就谈谢得意怎么怎么搞笑、调皮，哪个故事、情节什么的最有意思。我们聊得可开心了。""哦，原来是以书为媒啊！"

"爸爸，我觉得书真是个好东西，能让我学到知识，很快乐，还能找到好朋友，以后你继续给我读书吧。"看着灿烂的小脸，我给了他肯定的回答。

我还想告诉哲哲的是，坚持读下去，会发现更多的精彩故事。等你长大，还会发现更多意趣相投、志同道合的朋友，因为那些被经典书籍熏陶过的人错不了。

什么是好书

从那以后，一读到好玩的故事，哲哲就将之带到班里，与同学分享。

放学接他的时候，问带去的《野兽帮》反响如何。小家伙一声长叹："哎，他们都不喜欢，凡凡同学翻了两页，就说没意思。""那你同学都喜欢什么书？""他们啊，都在看《查理九世》。""那你爱看吗？""我啊，不太喜欢。""为什么呢？""我看了几段，就觉得太暴力了，都是什么亡灵啊、死神啊、诅咒啊什么的。"我知道这套作品市场销量很好，但一直没给哲哲看，因为个人感觉这书品位一般，有少儿不宜的成分。

接着问他："那你觉得什么书还是好书呢？"他张口就来："我觉得啊，有想象力的，故事吸引人，幽默搞笑一点，就是好书。像《永远讲不完的故事》《猫头鹰王国》那样的，《小淘气尼古拉》《卡梅拉》也不错……"他一口气罗列了一长串他看过的书目。透过这些书目，我看到的是充满童真与童趣、文字与审美趣味俱佳的作品。当经典童书为心灵奠定底色之后，孩子对书的品质自然有了靠谱的判断。

谢谢你买了这么多好看的书

周一上学前，哲哲从书架上选了 3 本书：《一园青菜成了精》《我爱你》和《好饿的小蛇》，说是带到学校再分享一下。

晚上放学后，告诉我，他带的书可受同学欢迎了，瑞瑞同学说小蛇那本特别好笑，鹏鹏同学说一园青菜那本就像说相声。看到他高兴，我也很高兴。

星期二下午接他时，哲哲又告诉我好消息，"爸爸，今天的自习课变成了阅读课，张老师读了我带的两本书，还谢谢我给同学们带来这么多好听的故事。小朋友们笑得咯嘎的，像爷爷家的大鹅叫。我太开心了。""咯嘎"一词从他的嘴里发出来时，流露出一种极其幽默的东北风情，把我也逗笑了。没一会儿，他又说："谢谢你给我买了这么多好看的书！"

一篇命题作文

书，让哲哲交到了好朋友，也让他在写作上有惊喜。一天，接哲哲时，他很快乐地告诉我，今天作文得了"优"，还被当作范文在全班朗读了。然后，拿出作文本让我看，原来是进行一段细节描写的命题作文。他是这样写的：

忽然，我看见前面一个人也没有（因为大家都往后退），我的腿直打哆嗦，手心冒了很多汗，心里好像有一个炸弹，只要往前走一步，炸弹就会爆炸！于是，我悄悄地走进大鲨鱼，又退了几步，我又想起被夹到的同学都说不疼，我才把手伸到大鲨鱼的嘴里。我按了一颗牙齿，立刻把手伸了回来。大鲨鱼没有咬到我！我觉得世界都平静下来了。

我很少辅导哲哲作文，没想到他写得这么活灵活现、一波三折，虽然有几处错字，但瑕不掩瑜，而背后也许是他每天被那么多精彩的童书所浸染的结果——童书，丰富着孩子的精神生活，也让孩子变得拥有无限可能。

一群猪啊，开始飞呀

第二天放学比较早，带哲哲去上游泳课。

路上，阳光和煦，心情大好，我不自觉地哼唱《哈利路亚》。哲哲熟悉了旋律后，开始自编自唱："大青蛙呀，坐着荷叶，满天飞呀，吓得狗呀，撒腿跑呀，啊跑呀，啊跑呀……"高音处，还站了起来。刚开始没明白他唱的是什么，不一会儿明白过来，原来是《疯狂星期二》。于是，跟着哲哲一起唱："看见池塘，跳进去啊，第二天啊，一群猪啊，开始飞呀，啊飞啊，啊飞啊……"路上，尽是我俩肆无忌惮的笑声。那一刻，我们和大卫·斯威纳一样，都很疯狂。

孩子读过的书，你以为孩子全忘了，其实深深地印在他们的生命里，不经意间就会以某种令人惊奇的形式表现出来。

爸爸，你说得也不全对

到了年底，参与我所在的部门评选年度图书，我推荐了美国学者吉姆·崔利斯的《朗读手册》，不仅是因为书中讲述的阅读理念、方法和数据分析，还因为书中选了不少经典儿童文学作品。

有一章是家庭故事主题。讲的都是比较温馨的故事，如《亚历山大》《朱丽安讲的故事》《任性的娜迪亚》等，哲哲听得很入迷。讲到娜迪亚听信父母的玩笑话，把刚出生不久的弟弟送给别人时，他哈哈大笑，觉得小孩子的想法很有意思，就跟自己也爱异想天开一样。

跟哲哲讲我的新发现："你发现没？很多故事的主人公都是没有爸爸或妈妈，有的干脆是孤儿呢！例如，《绿野仙踪》里的多萝西是跟叔叔婶婶生活的，《长袜子皮皮》就是孤儿，《红发安妮》也是出生三个多月就成了孤儿……"

"爸爸，你说得也不全对。我发现啊，缺少爸妈的孩子的故事大多数是奇遇和历险的，因为没有人管他们，所以他们有机会去外面探险。而有爸爸妈妈的，一般都是比较快乐的故事，你看弗朗兹啊，阿柑啊，米丽啊，玛蒂娜啊，他们的生活多好玩啊。"哲哲说了一溜儿童文学中的人物，让我惊讶到目瞪口呆。

还是你们好

工作比较忙的时候，让岳母接哲哲。小家伙不太愿意姥姥接，因为要等"很长时间的公交车"。

一天加班很晚才到家，一进门，哲哲就对我说："爸爸，你知道吗，今天我们等了半个多小时公交车。""那这半个小时你们都做什么了？""我们什么也没做，就等着！""这有点浪费时间，你可以和姥姥聊聊天，如你喜欢的狗、昆虫什么的！""姥姥不喜欢这些东西，我一聊大田鳖的时候，她就说学这些东西有什么用，将来能当饭吃吗？"

"那你在东北姥姥家那几天，亲戚们怎么看待你读昆虫书呢？""他们也不喜欢和我聊这些，有一回他们还说，学这些有个屁用！""啊，那你岂不是只能和爸爸、妈妈聊昆虫了？""嗯，还是你们好，能跟我聊到一块。"我转身摸了摸小家伙的头，安慰他："宝贝，你真是个孤单的小法布尔，以后爸爸和妈妈多和你聊聊你喜欢的东西"。我们，不仅要多与孩子交流各种话题，还要与之一起对抗流俗。

读书很有用

蒲公英童书馆的朋友请我回答几个家长的提问，一位妈妈问"读书有什么用"。

对于这类问题，我常常很无奈。但又不能这样回答，只能给这位妈妈科普——"读书是一种手眼脑同步活动的过程，透过文字，在大脑中建构意象，意象又与孩子的生活经验对接，内化为知识结构。读一本扣人心弦的小说时，孩子会把自己代入小说主人公的身体，不由自主地萌发共情等心理，使大脑发生积极变化，且这一变化会持续好多天，潜移默化地培养着孩子的观察能力、思维能力和终身学习能力。所以，爱读书的孩子往往心地善良，思维能得到很好开发。"这一点在日本脑科学家小泉英明的《脑科学与教育入门》一书中也有系统论述。

从我坚持十多年亲子阅读的经历来看，读书不仅塑造了哲哲宽广的视野、渊博的知识、乐学的习惯，还培养了他善良的心灵、丰富的情感。这些看似无用，却是现代社会人的重要禀赋之一，提升了他的幸福感和成就感。而合上书之后的充实感与幸福感，在我看来更是读书的大用。

坚持读下去

给哲哲读书一直坚持到他十周岁那一天，之后他开启了自主阅读之路，即我俩从朗读者与倾听者的关系变成了书友的关系。到了小学六年级，我俩依然每周抽出时间一起读书、荐书。例如，我看完《偷书贼》《记忆传授人》《大地的成长》《鼠疫》等作品后，很喜欢，推荐给哲哲看。

小家伙也会向我推荐好书，国外一些动漫经典就是他告诉我的。因为又是借又是买，家里的书越来越多，老人颇有微词，觉得太占空间。读书有什么用？在诗集

回到家，让哲哲给我一块好吃的生日蛋糕。小家伙一耸肩，告诉我，都吃完了。"宝贝儿，你就没给你爸妈留一点儿？我俩都为你的生日付出了这么多，这样做不太好吧！""爸爸，是我不对，我给你个抱抱吧！"然后，张开双臂，像玛乔里·弗莱克在《问问熊先生》里所描述的，把我紧紧地抱住了。这个抱抱，暖暖的，久久的，感觉比蛋糕还美味。

《疼痛》新书发布会上，赵丽宏说，他插队时，干农活累得筋疲力尽，一度很绝望，但想到收工后有书读，有文字可写，就有了坚持下去的勇气。

在《偷书贼》里，要不是那本《掘墓人手册》，估计莉赛尔也不会有那么强烈的求生欲望。在《爱读书的孩子，不会变坏》里，宋怡慧老师坦言："8 年前，因为阅读找到一夫当关、万夫莫敌的自己。现在，我应该更没有包袱地相信，阅读可以再一次带给我另一段奇幻之旅，证明阅读是我此生最重要的事，也是我一辈子的信仰。"

阅读有什么用？阅读是精神力量的源泉，在肉体遭受苦难的时候，我们需要阅读；在心灵找不到方向的时候，我们更需要阅读。

做一名终身读者

因为爱阅读，每到假期，我们家很少外出游玩，宅在家里读书的时候反倒居多。

上了中学以后，哲哲的学习压力变大，每天都有卷子要做，但他依然坚持阅读。做完作业，我拿出几本书，让他鉴赏。从《牧羊少年奇幻之旅》《相约星期二》《想赢的男孩》《钱学森从这里走来》《山羊》到《解忧杂货店》，他很顺利地看完，还做了读书笔记。看他喜欢东野圭吾的作品，我又把书架上的《嫌疑人 X 的献身》《恶意》《虚无的十字架》给他看，几天内他也看完了。

苏霍姆林斯基说过一句话："让孩子变得聪明的办法，不是补课，不是增加作业，而是阅读，阅读，再阅读。"都说中学阶段是阅读的盲区，升上中学的哲哲阅读时间的确越来越少，但我希望他能抽出时间阅读，阅读好玩的书、伟大的书、经典的书。平时没时间，就让哲哲在假期里与书相约吧。

父爱与书

最让我感动的是，多年的亲子共读在哲哲那里留下了很美好的回忆，也算是回答了读书之功用的问题。一篇作文好像是他小学六年级时写的，我收拾东西时偶然看到，读完之后竟然泪目。

作文是这样写的：

　　光阴似箭，日月如梭。转眼间，我已经12岁了。这些年，我放下了许多，也收获了许多，但唯一没变的，是我对阅读的热爱。它使我感动、快乐、悲伤、惊讶，为我的生活增添了无数色彩，使我终生难忘。不过，让我发现与体会到这些的人，是我的爸爸。

　　从小，爸爸便重视我的阅读。他认为，读书可以改变一个人的看法与价值观，能开阔一个人的视野，对于每一个人，尤其是儿童，十分重要。当然，我爸爸也是一个行动派。为了让我从小喜欢读书，养成阅读的习惯，从我上幼儿园开始，他每天给我读书。这也是我爸爸与其他人的爸爸不一样的地方。

　　不光坚持，我爸爸也十分会挑书。除了一些经典名著，爸爸在我小的时候也给我挑了许多图画书——每一本他都会先读一遍，确定这本书是否适合我，之后再给我读。

　　在我小的时候，我经常会缠着爸爸给我读书。这时候，无论爸爸在干什么，手头有多忙的事情，他都会停下来给我讲，让我伴着各种有趣的书进入梦乡。

　　现在我长大了。我已经不用再让爸爸讲故事了，但我依然爱着书。有时候，我会和爸爸在路上讨论着对一本书的看法。有时候，我会和爸爸坐在沙发上看书，之后互相讲讲这本书讲了什么。有时候，我会和爸爸坐在电脑旁，一起回答来自中国各地父母的阅读困惑。

　　现在，我会把读过的书写成读书笔记，把它们发到微信公众号上，为别人推荐好书。现在，我会在学校为同学讲述我读书的乐趣，带动他们一起读书。现在，无论去哪里，我都会带上一本书，抓紧时间阅读……如果没有爸爸，我不敢想象我的生活会变得多么无趣。爸爸给我读过的书、推荐过的书，已经被我深深记在了脑海之中，成为我一辈子的回忆。

　　感谢爸爸。

第四篇

学校那些事儿

写作有这么难吗

你都这么老了啊

升上小学三年级后，哲哲的班主任要求他们坚持写日记。哲哲觉得有点难，我翻出自己小时候写的日记，一口气给他读了 10 多篇，一方面证明写日记并不难，另一方面希望能激发他的创作热情。

读完日记，发现 9 岁多的自己有优点也有缺点：优点是挺能写，几乎每天坚持，每篇字数从不缺斤少两，满满一整页。记录的内容也不一样，从看电视、洗衣服、下象棋、逛市场、打雪仗，到过家家、同学家串门、放鞭炮、过大年等，几乎涉及所有假期生活的主题。一句话，全方位、多角度地展现了我多彩的童年。至于缺点方面，除了错字不少之外，就是字迹很难看，且每一篇都像流水账。

翻到最后一页，小学班主任杨老师红色的字迹跳出来："写得非常好，望再接再厉，1988 年 3 月 4 日。"我回想着，那时候的自己跟哲哲一般大，有着和他一样的快乐童年。

看到这个日期，哲哲抛出一句："爸爸，你都这么老了啊！"在他看来，1988年是很久很久以前的事情了。我告诉他，1988 年不过是 20 多年前而已。而且，现在坚持记日记，若干年后再看，也能穿越时空，与 20 年前的自己相见。

你好像写错了几个字

看哲哲写日记依然磕磕绊绊，我再次找出自己小时候的日记，让他观摩学习：

"今天上午，我看了电影《小斗的故事》。故事说的是小斗的爷爷把小狗小雪打伤了，小斗特别伤心，对爷爷生很，再也不里爷爷了。后来，因为一件小事，小斗改变了看法，和爷爷从新和好……"

哲哲点头称赞我的日记写得好,还加了一句:"爸爸,你好像写错了几个字!""哪几个?""你看生很,是什么意思啊,是不是生恨啊? 还有不里,应该是不理吧? 前几天,咱们不是吃了狗不理包子吗? "仔细一看,他说得果然没错,"从新"也写错了,看来那时的自己也是马马虎虎。

以前一直纠结于哲哲写字不认真,总写错字,纳闷为何教了很多次也不改正。现在看来,自己尚且如此,不能过高要求孩子,任何人似乎都有这么一段,慢慢来!

心静一些，就会做得好

坚持写了一段时间的日记后，班主任张老师告诉我，哲哲进步很大，日记写得很生动，每个字一笔一画，工工整整，应该好好表扬表扬他。

告诉他张老师的意见，问他："你说，你上学期写字没那么好，现在这么好，是什么原因呢？""我觉得啊，是我的心静下来了，写字更专心了一些吧。""那你以后还会坚持这个做事原则吗？""当然，尤其是考试的时候，心更要静。"这句话让我对哲哲刮目相看，同时让我坚信，孩子不是不懂道理，关键在于你怎么去启发，以及给孩子努力的时间。

投稿《少年时》

几天后，哲哲班主任布置作业，要求写一篇作文——"我最难忘的经历"，至少500字。

小家伙写的是《最难忘第一次孵化大田鳖》，洋洋洒洒写了1000多字，把为什么养大田鳖，大田鳖爸爸和大田鳖妈妈怎么产卵、怎么孵化等写得很细致。我觉得文字很有价值，就改了个别字句，推荐给科普杂志《少年时》。

投完稿，哲哲很期待，"爸爸，那样我是不是也算是作家了。""嗯，继续努力，你会比我更知名的。"第二天一放学,他问我投稿有没有反馈,我把编辑反馈发给他,让他仿照前一期中的《我的宠物鹦鹉"恐龙"》再改改,小家伙很配合,回家第一件事就是查资料,文字加到2000字,算是比较成熟的文章了。

文章发与不发,我认为不重要,重要的是在修改过程中,他渐渐明白好文章是改出来的,是需要有经历和有感而发的,甚至未来除了当昆虫学家之外,还可以选择以文字为生,像他的爸爸一样,从写作中得到幸福感。

我觉得还不完美

被张老师表扬几次后,哲哲变得很爱写作文,每次都得了"优+"。

一次,老师给出"我爱我的家乡"的命题作文。哲哲想写东北老家,征求我的意见:"爸爸,你说我的家乡是东北吗?""不是吧,你是在北京出生和长大的,北京应该是你的家乡。""哦,我更愿意写东北。"最后虽然还是写了北京,但哲哲又是上网查资料,又是跟我交流,准备工作做得很到位,最终作文得到老师的赞赏,并让他打印出来,贴到学校的橱窗里。

但哲哲拖了几天,始终没有打印上交。问其原因,他很郑重地告诉我:"爸爸,这篇作文我觉得写得还不完美,我读了没有特别激动的感觉,我想以后再写一篇,让所有的小朋友都点赞,你说行吗?""没问题!"我在答应他的同时,也琢磨着,如果每个人都点赞,那该是多好看的文章呢?

幸福是什么

"优+"的评价给了哲哲无限动力,让他灵感迸发,在命题作文"幸福是什么"中就有体现。

一开始写这个题目时,哲哲有点犯难,我鼓励他大胆放开想象,可以先打个草稿,然后誊到作文簿上。小家伙没听我的,直接在本子上奋笔疾书,五分钟完活儿。拿过来一看,只见上面工工整整写着:

幸福是什么?

幸福是站在黑暗的夜里,

有朋友点燃明亮的火把。

幸福是什么?

幸福是肚子咕咕叫时,

妈妈端来香喷喷的饭菜。

幸福是什么?

幸福是站在寒冷的冬天,

太阳暖暖地照在身上。

幸福是什么?

幸福其实就在身边,

等待我们去感受去发现。

看来哲哲有诗人潜质,于是开始臆想,要不要将来给小家伙搞个诗歌朗读会,那样很有诗意吧。

感谢大学生哥哥

命题作文接二连三,不久后班主任又让写一篇"我最想感谢的人"。

以为哲哲会写感谢父母、老师之类。没想到,他写的是一次找不到爸爸,向大学生哥哥借手机找我的经历。他在开头是这样写的:"在生活中,你一定帮助过别人,别人也一定帮助过你。但有时候,别人帮助了你,你会不会来不及或者忘记感谢别人呢? 下面我就为大家讲一讲我来不及感谢的一个人……"

过程被他写得很曲折,颇有章回小说的味道。在作文的结尾,他写道:"一分钟后,爸爸骑车过来了,我心里十分开心。当爸爸问我怎么打的电话时,我才想起要感谢大学生哥哥,可他已经走远了。我想好好地感谢他,以后也要像他一样,多帮助别人。"

好孩子,你有一颗感恩的心。

三捉大田鳖

没过几天，哲哲对我说："爸爸，告诉你一个好消息，我的作文被老师当成范文在全班朗读了，老师还让我打在电脑上，说什么将来收到六年级的作文集里。""写的什么内容？""三捉大田鳖。""哦，是不是根据《三打白骨精》或者《三打祝家庄》的节奏啊？"小家伙沉吟片刻，说："有点像，但也不全是这样，你看看就知道了。"

抽空我拿出哲哲的作文看，写的是去江西婺源游玩时，他跟一只大田鳖斗智斗勇的故事。担心小朋友不知道大田鳖是什么，他特意旁注"一种肉食昆虫，凶猛，择居有水的地方"。内容一波三折：第一次怎么失败，第二次怎么差一点成功，第三次又如何采用新的方法取得成功，写得很有趣。亮点在于心理刻画很生动，难怪被当成范文，看来他渐渐入了写作的门道。

哲哲妈说，哲哲这一点是遗传我的基因。我不这么认为，与其说是基因的作用，不如说是坚持阅读的结果——读的书多了，就像走了很远的路，自然会看到各种风景，对大千世界了然于胸，透露出来的都是不俗。

什么是好朋友

从写物、写诗到写事，哲哲迎来了写人的训练——老师布置了一篇作文，"你眼中的 ×××"。

好奇他写的是谁，哲哲告诉我："爸爸，我写的是成成同学。""那成成写你了吗？""写了，你猜他怎么评价我的。他说我是一个俗世奇人。""是说你很牛吗？""是啊，成成说我在昆虫、动物和写作文方面，远远胜过其他人，是个奇才……"

我告诉小家伙，好朋友不仅能发现对方的长处，相互学习，还要帮助对方改掉一个缺点，共同进步。小家伙点点头，答应我第二天和成成同学好好探讨一下未来的学习和改正计划。

美国心理学家罗伯特·费尔德曼说过，学前期的孩子在理解自己有多大能力时，习惯于将自己的表现与同龄及教育水平相同的其他人进行比较。进入儿童中期后，他们开始使用社会比较的方法，通过与他人比较来判断自己的能力水平。也就是说，随着孩子年龄增长，同伴效应越来越大，朋友才是孩子生命中的"重要他人"。因此，当孩子逐渐长大，帮助他学会与朋友相处，找一个靠谱的"他人"，是为人父母的重要一课。

我也要当个作家

收到出版社的稿费单，放在钱包里。哲哲不小心看到了，言语中流露出要当作家的意思。

吃完晚饭，哲哲在房间里很安静地写写画画。出来时，让我看一个本子，上面写着几行字，如《亮亮的故事》，"1.爱逃跑的亮亮；2.亮亮的新朋友；3.亮亮的新家……"我没明白怎么回事，小家伙解释道，这是他新书的题目和提纲，他打算周末好好写这个故事。"爸爸，你说我的书能出版吗？""你好好写，肯定能出版的。""爸爸，你觉得能赚到稿费吗？""没问题，故事写得好。"听了这话，他很高兴，似乎看到钞票在飞来。

我虽无意哲哲终身以码字为业，但我希望他能爱上文字，表达心声，尤其希望读到那个全本的《亮亮的故事》，能否赚到稿费，已不重要。

我让他写我来着

第二天放学后，哲哲告诉我，他写的《"小商人"吴天翼》一次过稿了。

刚要表扬他，只听他说："爸爸，我写完成成后，觉得写得不够好，又写了一篇这个。你知道吗，我还帮成成提供写作线索了呢？"哲哲一向热心，愿意给同学无偿提供灵感。"你提供了什么线索？""我啊，让他写我来着，就写我善于活学活用这一点。我还给他举了两个例子。活学呢，就是我不喜欢死学，我喜欢看书，在做中学，玩中学。活用呢，就是我喜欢把书中的内容用在现实中。就像一次我看见一个小朋友在玩弄一只花皮蟒，我告诉小朋友花皮蟒属于什么样的昆虫，有怎样的毒性等，他就把花皮蟒放了……"

"那后来怎样了？""当然是成成一次过稿了。"看着他骄傲的神情，我似乎看到了一位伟大的作家兼教师。

吴天翼就是我自己

作文《"小商人"吴天翼》我后来有幸看到，觉得写得确实不错，推荐给了一个杂志社的朋友，后来被刊登在 2016 年 6 月那期的《小读者》上。

刊发后，问吴天翼真的是这样吗，印象中不像啊。哲哲透露："吴天翼就是我自己，'眉毛很粗，头发像被风刮了一样'，说的不就是我吗，而且我还很会卖东西……"的确，在成成同学写给哲哲的毕业纪念簿里，赫然写着——"我发现你很有商业头脑"。很多朋友有所不知的是，小家伙除了会卖东西，还像文中写的一样，关心动物、热心公益。

几天后，杂志社编辑跟我要哲哲的稿费账号，告诉他后，小家伙"哇哇哇"地叫着，非常高兴。我鼓励他继续多读书写作，也许不一定像爸爸一样以此为业，但作为业余爱好，这可是一项提升自我成就感、影响更多人的业余爱好。我还给了他一百元作为额外的奖励，期待他未来写出更多好作品。

一封信

周末收拾屋子的时候，看到哲哲一篇四年级写的作文，内容是给山区小朋友的一封信，一如既往地体现着善意。

征得他同意，发表了其中部分文字："你好，我是哲哲，来自北京。你在那里生活得好吗？那里空气好吗？你快乐吗？幸福吗？我喜欢玩电脑、看书和养昆虫。画画是我的特长。我会吹小号、滑滑板。我有许多朋友。我最喜欢的书是《酷虫学校科普漫画书》和《红豺》。我家养了一只雨林蝎和小狗亮亮，最近我还要养一只绿鬣蜥。我的家很大，很温暖。爸爸是个跨栏高手，妈妈是个厨师，做的蛋糕特别好吃，姥姥很勤劳，是个劳动主义者。我和同学生活得很快乐，有时间的话欢迎你们来做客。你的家里怎么样？希望你能来信。"

虽然哲哲把爱打篮球的我误写成跨栏高手，但从字里行间，我分明读到了一丝生活的从容和甜蜜，看不到被学习折磨得痛苦不堪的无趣与厌倦，可见他还是一个热爱生活的好少年。同时，我也希望收到他信的那个山区孩子，也能如此这般过着自己向往的生活，有爱他（她）的父母陪伴每一天。

老师给的好评

我得了老师的表扬信

小学一年级时，哲哲特别期待老师的表扬。

经过不懈努力，哲哲得到了期待已久的奖励。记得那天刚到家，小家伙就急切地打开书包，翻出一张卡片，告诉我："爸爸，你看，我收到了张老师的表扬信。"只见卡片上写着："哲哲同学，由于上课（认真听讲），给予表扬，希望继续努力。"从被摸了头到收到表扬信，看来课堂上的哲哲至少在姿态上是个学习标兵。

有时间，多给孩子写几封表扬信，我们就会见证一个男子汉的成长。

你真是个科学小天才

老师的鼓励，使得哲哲学习劲头很足，每天亲子共读的书籍特别要求多读几本。

一天放学时，哲哲告诉我："爸爸，我被教科学的赵老师表扬了。""怎么表扬你的？""赵老师以前很少表扬我们，但这次呢，他问我们，地震和火山都是海啸怎么形成的，老师没问我，但没人回答上来。下课时，我走到赵老师跟前，说我知道是怎么形成的，是地壳不稳定的原因。赵老师听了很高兴，夸奖我说，你真棒，真是个科学小天才。"

越来越多的表扬汇在一起，能让孩子喜欢上科学，不经意间就诞生了一个大科学家。

品生老师表扬我了

一学期快结束了，问哲哲这段时间有什么感受。哲哲说，这学期啊，他的音乐、美术都是优，品生课更是没有下过优+。数学进步很快，体育也变好了，就是语文还需努力。不一会儿，他告诉我："对了，爸爸，今天品生课老师表扬了我呢！""怎么表扬的？""老师让我们说说怎么保护眼睛什么的，我说了不能总揉眼睛，要认真做眼保健操，不能长时间打游戏什么的。老师说，哲哲同学说得很好，大家给他鼓鼓掌。"看着哲哲十分陶醉的样子，我也很高兴。

孩子的一点点懂事、长大，离不开我们的掌声，让掌声来得更猛烈些吧。

今天我发了三次言

接着，哲哲突然想起什么，高兴起来："对了爸爸，今天温老师都表扬我了，因为我上课积极发言。今天我发了三次言呢！"以前到他们班级听课，发现哲哲发言并不积极，一直安静地坐着。知道他数学不是特别好，被数学老师表扬很少见，于是问他："温老师表扬你什么了？""温老师表扬我，是因为有一道数学题，我想出了一种新方法，别人都没想出来。"小家伙的声音清脆而洪亮。我又问他最近学习是否有听不懂的地方，他告诉我都会，容易得就像打奥拉星游戏。

看来哲哲渐渐在学习上找到自信，这算是最好的消息吧。

我这种体形最好

没几天，放学接哲哲时，小家伙告诉我新换了体育老师。

"爸爸，这学期第一节体育课在室内上的，新老师给我们讲了很多体育知识。"哲哲絮絮叨叨地开始讲："老师说了，小孩子不能做剧烈的运动，激烈的对抗，长时间的跑步什么的，都不行。老师还说，小孩子不能太胖也不能太瘦，否则上中学后就长不高了。老师还表扬我了，说我这种稍微胖一点的体形最好。爸爸，你说我上中学时能高过你吗？"

现在的哲哲就超过 1.5 米了，我本来有那么一点在意哲哲略显超重的体形，没想到他却以此为傲。问他："你觉得体育老师说得靠谱吗？""肯定靠谱，老师不会胡说的……"好吧，相信老师的经验之谈。

不管是长成彭于晏，还是小岳岳，我们做父母的，都应该永远以孩子为傲。

你的心纯净得像一块水晶

期末的时候领成绩单，顺便跟班主任张老师聊了聊，她对我说："上次秋游，我发现哲哲挺能聊，想象丰富，有一颗纯净的心，应该跟他读了很多图画书有关。"

老师的话让我很高兴，我就是本着这个目的坚持亲子共读的。等到看到张老师写给哲哲的期末评语，更是心中欢喜。期末评语是这样写的："你听话、懂事，是老师最放心的男孩子。看到课堂上，你那专注的神情，老师感到欣慰；看到你在课外，和同学们友好相处，老师为你高兴；当你为同学们带来好看的书籍时，老师为你乐于分享而感动，你的心纯净得像一块水晶，不染纤尘……"这些话让我依稀看到了一个快乐成长的哲哲。我很想感谢他，感谢他让我看到生活如此美好。

生命是一道轮回

在综合评价栏里，张老师对哲哲的评语也很感人。

评语是这样的：你喜欢读书，经常看到你捧着一本书看得入迷；你喜欢探索，你用充满智慧的双眼去观察周围的事物；你乐于助人，当同学遇到困难时，你常常伸出友爱之手帮助他们。这学期，你在学习方面也取得了很大的进步，发言积极，作业书写工整。希望你在学习上再细心一些，老师期待着你新学年更大的进步。好孩子，加油吧！

评语我读了好几遍，越读心情越激动，好像我得到了表扬一样。记得自己小时候班主任也对我说过同样的话，同样让我感动了一个假期。愈发感觉，生命是一道轮回，父母的切身体验有时也会发生在孩子身上。陪伴孩子一天天长大，我们就会看到轮回的映像。

学习有所感

一大堆红钩正在接近

小学一年级期中测试，班主任公布了班级第三单元语文的测试成绩，5 个满分，90 分以上的 32 个,90 分以下的 10 个。哲哲得了 92 分,还不错。我表扬他成绩不错,有进步。哲哲听了不以为然:"有什么值得高兴的,张老师写了'继续努力',就是说,我还得加油。"

安慰他，别把考分看得那么重。哲哲长叹一声，说:"真希望啊，我的卷纸上都是红钩。要是一大堆红钩正在接近，形成一个红钩大军，那多好啊!"我知道哲哲至今没有当过第一名，他的内心很渴望，但我不希望他为了得第一而失去玩耍的时光。好成绩固然好，但内心的幸福感更重要。

学习好才有朋友

很好奇哲哲的朋友有没有学霸，旁敲侧击问他好朋友多不多，回答:"还行吧?""那都有谁啊，有图图吗? 他是你的好朋友吗?""是，就是他的学习也不太好。""你的好朋友是不是学习都不太好呢?""嗯。""为什么会这样?""也许是因为学习特别好的同学瞧不起我们吧。"说完，他吐出长长的一声叹息。

哲哲学习一向不是特别突出，但他的回答让我很吃惊。记得他曾跟我说过，他们班学习好的学生受人欢迎，而学习不好即使其他方面优秀，受欢迎度也不高。看来考分与成绩俨然已经在学校教育的渲染下渐渐被放大，甚至成为交友的一种标准。

想起台湾学者李雅卿的一句话：人生真正需要学习的，是对自己负责。当学校教育不给力，或者流露出错误的导向时，家庭教育就要站出来，帮助孩子减少消极影响。如果把孩子比作一棵树，那么学校教育就是这棵大树的枝叶，家庭教育则是根基。根基扎得越深，大树就越枝繁叶茂。看来在这方面，我们还有很多事情要做，至少要改变以学习成绩为主要导向的教育评价，让孩子看到生命的精彩。

成绩不需要稳定

为了缓解哲哲的忧伤，给他讲了一个生活小幽默：一位妈妈带女儿逛商场，小姑娘也就三四岁。妈妈说："姑娘，你成绩不能稳定点吗？"意思是让孩子多拿一些高分，可小姑娘来了一句：可是每次题都不一样，我成绩怎么稳定啊？

哲哲觉得不好笑，说："成绩不需要稳定，而是要有进步才对。"顿了一下，继续道："你看，每次总考第一，不可能吧。总考最后一名，是稳定了，但也不行。""那你的成绩怎么样？""我啊，属于中游，但现在是中上，一直在进步。有一次，我还考得比我们班长瑶瑶同学分数还高呢！"说完露出一丝得意的笑容。

无论是身高体重、学习成绩，还是运动比赛，哲哲都是比上不足比下有余，属于典型的中游。但我知道，中游的表现背后，是一颗还算快乐的心。

我都快烦死了

红勾大军的愿望没实现，哲哲妈坐不住了。一天晚上，单位加班，哲哲来电。电话中他带着哭腔，对我说："爸爸，妈妈老让我写作业，我都快烦死了。"我赶紧安慰他，不想写就不写了，等我回去一起做。

放下电话，脑海中又浮现美国教育专家艾尔菲·科恩所著的《家庭作业的迷失》。书中明确了两个研究结果，一是家庭作业是家庭亲子关系和夫妻关系矛盾的主要源泉。二是家庭作业与学业成绩负相关，至少没有正相关的联系。

哲哲以前说过，喜欢上学，但不喜欢考试，现在他又附加一条，也不喜欢写作业。如果如此反复，迟早会把孩子的天真弄没了。想起一条短信："上幼儿园后，把天真弄丢了；上小学后，把童年弄丢了；上初中后，把快乐弄丢了；上高中后，把思想弄丢了；上大学后，把追求弄丢了……"关于写作业这事，做父母的真不能看得太重，而适当帮孩子减减负，美好的童年也许就找回来了。

可能是我学习不好

接到学校消息，要举行一个入队仪式。哲哲很兴奋，还哼唱了《我们是共产主义接班人》的歌。

但班主任出于激励学生的目的，采取了分批入队的方式。很遗憾，第一批 25 人里没有他。问他原因，他告诉我，是大家一起选的，看谁的考试成绩好，举手多的就通过。我问哲哲："我觉得你非常乐于助人，你不是为班级拿了很多书吗？为什么没有你呢？""哎，那可能是我学习不好吧。"语气中明显有些失望。

一天下午，哲哲告诉我，他的学号被贴上红花了，肯定能第二批入队。"爸爸，我们班有 26 个人选了我。而且，我讲的那个故事特别好听，像遥遥同学啊，依依同学啊，都笑得咯嘎的。"哲哲的笑声让我解除了一桩心事。但也在反思，为什么所谓的教育者总是喜欢把孩子分成三六九等呢？

当第一是不是不好

哲哲要期末考试了。尽管平时给他减压，照常游泳、踢球、读故事，作业写不完就给老师发个短信，但真正到考试来临时，面对铺天盖地的模拟卷，以及关于考试重要性的反复叮嘱，哲哲开始变得紧张，害得我不得不反复给他做思想工作。

哲哲说，他害怕考不好，老师说了，两科都考不到 90 分，要留双倍作业。我告诉他，考试不过是漫长人生旅途的一个小小考验，就像玩"植物大战僵尸"游戏要过的小关卡一样。而且，考试只是检查自己的学习成果，考得好就继续努力，考不好就加强训练，仅此而已。不知道哲哲听进去多少，反正考试那天，看到他很轻松地走进教室。接他时，问他考得怎样，告诉我都会。

等成绩那几天，哲哲悄悄问我："爸爸，你说当第一是不是也不好？""当第一没什么不好吧！第一不是挺威风吗？""你看啊，第一以后，如果不考100分就是落后了。哎，我只有一次考100分，那还是附加题帮了我的忙。"

前段时间采访浙江心理健康教育特级教师钟志农。他说："中国孩子的心理问题，百分之八十以上跟学业成绩有关，而且相对来说，成绩最好的和最差的那部分心理问题尤其突出。"那一刻，我眼前浮现一幅景象——被分数裹挟着的学校教育，像马路上的压路机一样，碾过无数个孩子。引导孩子正确看待分数，正确看待分数与成长的关系，我们义不容辞。

你的进步非常大

哲哲的期末考试成绩公布了：语文91.5，数学88.5。

对于自己的成绩，哲哲显然还不太满意。我逗他玩，爸爸小学三年级以前，数学语文的分数都是100分。他很惊讶，满脸崇拜状。我告诉他："即使爸爸小时候考试很厉害，但并不意味着长大后就很厉害。分数，只能证明对这张试卷的水平，说明不了其他的问题，不必太当回事。有个叫韩寒的同学，数学一直很差，但这不妨碍他成为一个很厉害的人。"

我并不知道自己该不该这么说，一方面不能彻头彻尾地鄙视分数，另一方面又不希望他被分数折磨，于是有了身不由己，口是心非。

发了两张奖状

领期末成绩那天，哲哲拿回来两张奖状。一张是助人为乐奖，上书"哲哲同学平时关心同学，为同学着想，颁发此证，希望你再接再厉"。我知道哲哲经常帮助别人，经常给同学带一些书，或者在别人需要帮助的时候伸出友爱的小手，就像《站在路边鼓掌的人》里的23号小朋友。

哲哲告诉我，还有一些同学得了语文小标兵、数学小标兵什么的，还有人得了优秀班干部。那些奖项虽然很有含金量，但在我心里，助人为乐奖的分量远远大于其他，因为助人为乐是一种金不换的品质，背后是一颗堪称伟大的童心。

还有一张奖状是好家长奖。上面写着：哲哲同学的父母积极参与班级的工作，为班级做了巨大贡献，特颁发此证，以资鼓励。鉴于老婆一学期只接过哲哲一次，而且连家委会的成员是谁都不知道，猜测此奖项属于我个人。

获奖的感觉就是好。不过，我也要感谢哲哲，是他让我不断反省，看到自身的不足，以及童心的长处，督促我努力成为一个好爸爸。

第一个100分

到了三年级，哲哲无论在学习上还是生活上都有了积极的变化。

一天放学去接他，到学校时已经很晚了，因为很多事情没忙完。见到哲哲，他特别高兴，告诉我："有个惊喜告诉你！""什么惊喜？"只见他打开书包，拿出一张试卷，原来是数学考了100分。"爸爸，这是我人生里的第一个100分啊！""不是吧，你一年级时不也考过吗？""那时候考100分不算的，现在考100分太难了，你怎么奖励我？""考多少分是你自己的事，为什么要奖励？但是，宝贝儿，你要记得这种快乐的感觉！"

尽管没得到想要的奖励，哲哲依然很高兴。我想起自己小学三年级考了两个100分，也是美得不行，因为很喜欢那种成就感，那种感觉甚至成为我后来不断努力的源泉。

向瑶瑶同学学习

开学没多久，哲哲很高兴地告诉我，他和瑶瑶同学一桌了。

瑶瑶同学是学校中队长，也是班里学习最好的那位。相处一天来，哲哲坦言，瑶瑶同学学习的确很出色，数学、语文和英语都要高出自己一大截，什么都难不倒她。"那你要好好向人家学习，不仅要学习瑶瑶的学习态度、学习方法，还要多向她请教。你也可以给她讲讲昆虫和狗的知识。""但是，她不太喜欢狗，她喜欢历史。""那你就好好研读历史，多读历史书。""嗯，晚上咱们继续读那个《儿童历史》吧。对了，我还加了她的微信呢，可以经常和她聊学习。"

晚上，哲哲很认真地读完了《仙后》，又安静地听我读故事。如此上进的态度，让我依稀感觉他已被神的小棍敲醒。

要不要报辅导班？

小蛇没你想象的那么可怕

哲哲小学六年一直没报辅导班，之所以如此，主要是觉得童年光阴可贵，不想孩子太辛苦。这样一来，缺点是孩子学业成绩始终处于中等；优点是省下的时间，全力发展自己的爱好。这不，自小学五年级开始，哲哲每周末都要去花鸟市场看看，不是去买花花草草，而是近距离观察各种动物。

一个周末，我带哲哲去了一次新官园花鸟市场。尽管上周末哲哲妈带他去过，但这周去，是想问问卖家棕黑锦蛇与赤峰蛇有什么区别，顺便补拍几张不同种类蜥蜴的照片。当然，还有一个目的，就是让爸爸看看小蛇"没想象的那么可怕"，潜在之意是可以养一只。到了市场，小家伙带我这走走那看看，把棕黑锦蛇拿在手上玩，像玩玩具一样，赞叹道它很可爱吧。在市场流连近一个小时，我俩骑行 15 多公里回家。到了小升初的当口，每个孩子似乎都在为升名校而打拼，父母们焦虑得不行。我也有点顾虑，但坚信有闲暇、有爱好的孩子更有幸福感、成就感。

我会追随你

我不给哲哲报辅导班，鼓励他每天阅读，睡前练练小号和架子鼓，每周踢两次足球，是因为就像我在《真正的陪伴》所罗列的 9 个关键词一样，在我的心中，阅读和运动对一个孩子的成长更重要。我看重他的心灵成长，想在有限的时间内多陪他一段，让他的童年丰富一些，自由一些，舒展一些。

台湾教师宋怡慧说过："我的工作就是看遍所有适合你们阅读的好书，然后把它买进图书馆，让它成为孩子们的生命之书。"她劝慰学生，生命虽是一段独走的路程，但把阅读也带走吧！而学生给予宋怡慧的反馈是："谢谢老师愿意相信我，愿意用一本书救赎我。……我会用最好的自己告诉你：我会追随你，成为一个阅读者，成为你的信徒。"

我不知道哲哲未来会怎样，会不会被没完没了的应试湮没了个性，磨平了棱角，失去了自我。随着孩子不断长大，父母所起的作用越来越小，我寄望于我给他读过的书能勾连起我俩的生命，潜移默化地督促他求真向善，让他知道学习的意义，并希望他能在未来的经典阅读中遇见更多比爸爸更优秀的人，并成为那样的人。

爸爸，你挺好的

哲哲小学六年级新学期开学时，学校管乐团组织排练，准备十月份的演出。

排练时，许多成员请假，多数原因是与奥数班冲突，还有的是参加各种乐器考级。中午接哲哲时，他感叹道："还是我的爸爸好啊，没让我每天上各种培训班，也不逼着我考级，我这个暑假很快乐。不，应该说我的童年很快乐……"然后，脸上又绽放出我非常熟悉的笑容，如一朵盛夏的荷花一样。

有人感慨，在当下绝大多数健全的家庭里，家庭教育的功能已被异化。在这个大教育和终身教育时代，教育却被狭窄地等同为学校教育，学校教育则被窄化为知识教育，知识教育又被扭曲为应试训练。其后果是，家庭教育成为学校学科教育的延长，家长异化为应试教育的陪练，抽空了家庭教育的基本价值。

我知道我家的哲哲没有太多的"硬实力"，只是一个普普通通的内心有爱、喜欢阅读、热爱生活的孩子。但即便上不了理想的中学，只为那句"我的童年很快乐"，相信所有的付出和选择都是值得的。

依依同学可惨了

哲哲有个同学叫依依，她学习很好，考试很厉害，一直在上数学辅导班，据班主任介绍，最多的时候上了八九个，现在已是奥数竞赛班的种子选手。2015年暑假的"华杯赛"，这位同学获得第一名，被名校提前录取了。开学前，听说这位同学直接上了名校初中班，也就是说不再和哲哲做同学了。

我告诉哲哲这件事，本以为他会由衷地羡慕人家，没想到小家伙哈哈一笑："哎呀，依依同学可惨了，不能上小学六年级，真是不幸啊！""不幸？你不羡慕她比你早一年上了名校？""有啥可羡慕的，爸爸，你不是说六年级是童年的最后一年吗，依依同学就这样结束了童年，她应该羡慕我还能享受童年才对。"如此淡然心态，让我刮目相看。

朝外的学生太不幸

几天后，哲哲让我打印一张生词听写的复习卷。

上班时一时忙忘记了，只好回家后带他到打印店。给他一元钱，让他自己打印，我在外面等。等了好久，才见小家伙出来。问他怎么这么慢，回答说："爸爸，我觉得自己很幸福呢。""为什么这么说？""因为啊，一位妈妈也给孩子打印试卷。你知道吗？她打印了十多张呢，还说老师要求这些题必须今天晚上做完，孩子要写到很晚。哎，朝外的学生太不幸了！""你怎么知道是朝外的？""因为我看到打印纸上写的是朝外小学二年级呀！"

回家路上，小家伙依旧感慨："爸爸，还是你好，没有给我报那么多的辅导班，让我的童年很开心。你呀，让我一直很幸福。"这话说得我心里美滋滋的。

不会有问题

哲哲六年级一开学，他们班里的孩子不少参加各种培训，感觉很多父母的心里已经放不下一张安静的书桌了。

跟几个好友聊天，谈到这个话题。我信誓旦旦："搞这么多年教育，我就想赌一把，看我这种教育方式会培养出什么样的孩子，看不上培训班，循着爱好生长的孩子，到底有着怎样的未来……"他们安慰我不必太着急，即使上了一般的中学，爱阅读、有生活情趣的哲哲也差不到哪里。

问哲哲，要是上不了好中学怎么办？小家伙很淡然，有学上就行，大不了将来我开个昆虫店。真到了那一天，我想对哲哲说，爸爸一定也帮你吆喝几声。

应试与素质之平衡

哲哲运气好，摇号上了一所不错的初中。

初中与小学相比，生活变化很大。我的心态也在不断调整。知道中学生要写作业，没想到开学第一个月每天都要写到十一点左右。让小家伙早点睡觉，他还不愿意，只能任他很晚才睡，第二天打车送他上学。一开始对学校老师意见也很大，后来跟老师沟通，告知可以先不做小组作业，但数学之外的其他学科作业要完成。

于是，下班之后，我开始辅导小家伙数学和语文，一道题一道题地解答，帮助他分析错在哪里，解题思路如何。一点点地，他好几次数学也考了90多分，自信心又回来了。都期望孩子有个美好的未来，但通往未来的路注定不平坦。

报不报班呢?

初中开学没几天就考试，哲哲周考、月考成绩都不太理想。哲哲妈有点着急，甚至比较焦虑，决意要报班，还参加了某辅导班的试听课。试听之后，计算了一下，一科一对一的普通教师是350元一节，一年大约三万多；大班授课是一门课一学期4000多元，语数外加起来一万多。算下来，真不是普通家庭能负担得起的。

我不太赞同给哲哲报班，觉得他开学之后成绩不佳，与他不太适应初中生活有关。以数学为例，小学阶段基本没有接触过代数，在思维上要有一个适应过程，学不会很正常。眼下他更需要的不是上补课班，而是家长在鼓励、帮助的前提下，帮助分析，一点点了解代数的内在逻辑。

经过几天辅导，小家伙渐渐明白了交换律、结合律和一元一次方程的运算规则。错题也慢慢变少，马虎的问题也有所改观，脸上逐渐有了自信。与之一起散步的时候，我也跟他讲了初中学习打基础、提高学习效率的重要性，淡看每次考试得失但要从中发现不足的必要性，应试的不可避免，也不知道他是否都听得懂，但之后感觉事情正在向好的方向变化。

哲哲妈看他的成绩不断提升，焦虑情绪淡了许多。事实证明，真不见得一定要报辅导班，孩子才能适应初中。说到底，孩子学业如何，既要靠父母能否给予坚定支持，还离不开孩子的学习习惯——只要孩子学习细心专注，有自律意识和向上生长的信心，学业即使不太出色，未来亦可期。

第五篇

孩子也是教育家

童言有理

一场比赛最重要的是什么

哲哲在幼儿园时就表现出很强的思辨力，让我非常佩服。

记得他还在中班的时候，一天吃完晚饭，我抽空瞄了一眼激战正酣的篮球比赛。一旁的哲哲发问："爸爸，你觉得一场篮球比赛最重要的是什么？""当然是胜利了，赢球最重要。""不对。""那是什么？""我觉得啊，最重要的是观众。""为什么？说说理由。""你看，一场球如果没人看，就那几个人自己跑来跑去，多没意思啊？""难道打球是为了给别人看？""不是，但那么好看的比赛，像这场北京和东什么银行的比赛，没人看，多可惜呀。"

我先想到的是结果，哲哲的第一反应是过程；我看重的是个人的收获，哲哲考虑的是别人的感受；我站在球员的角度，哲哲站在传播的角度。两相对比，他更有一颗博大的心。

多了也会腻

幼儿园有一门《比比和朋友》的英语活动课。课上，英语老师会给小朋友发小卡片作为奖励，哲哲和一些小朋友得了不少托马斯小火车的卡片。有的小朋友不太喜欢托马斯的图案，要求跟老师换。

回家后，哲哲告诉我，他也不喜欢托马斯，但没换，还说了谢谢老师，因为"这是老师的一片心意"。不一会儿，哲哲略带慨叹地说："我发现啊，什么东西一多了就腻了，所以不能给多。""为什么这么说？""因为有的同学上次得的就是托马斯。"原来如此。

要大肚子点

英语课上，哲哲和同学起了争执，原因是有同学说他的鞋子不好看。

在老师的干预下，两人握手言和。课后，老师在留言簿上说，是哲哲主动伸手承认错误，他有超越年龄的成熟和大度，家长应该好好表扬一下。

我问哲哲："是你的同学首先犯错，你为何主动握手呢？"得到的回答是："有时候，人啊，要大肚子一点。"很佩服他的肚量，要是在古代，没准就是有着房谋杜断一般的宰相。做家长的也应有个"大肚子"，淡看孩子的小淘气、小错误。

你是管网站的呀

哲哲上一年级前，赶上房子装修，哲哲妈比较忙，我带着哲哲到单位上班。

当时我还在中国教育新闻网上班。很早到了办公室，我一个人忙着采集新闻，管理社区；哲哲在桌子上写作业。半个多小时后，小家伙凑过来，看我在审核网站帖子，来了一句："爸爸，你是管网站的呀？""是啊！"自从来到网站之后，更多的时间用在更新网页上。问小家伙："你说管理网站好还是不好？""我也不知道，但总的感觉是不好。""为什么？""太累啊，我感觉你比以前忙多了，总是说要加班之类的，都没时间陪我玩了。"

的确，现在每天必须七点半到岗，晚上较晚才能下班。"宝贝，那你希望我做什么啊？""还是做个记者吧。你不是说你爱写稿子吗？"哲哲的话让我想了很久，选择自己喜欢且自由一点的工作，才是最好的。

将心比心

不能捏得太大

哲哲上幼儿园大班也就是 2010 年那一年,一次带他上《比比和朋友》的英语课。

英语课上,老师一边教小朋友认识颜色的单词,一边教他们颜色组合的奥秘,如 BLUE+YELLOW=GREEN;YELLOW+GREEN+RED=BLACK,并发了几块彩色橡皮泥,让他们自行捏一些喜欢的东西。

捣鼓了半个小时,许多小朋友捏了花的造型。唯一的区别是,别的小朋友捏的花都特别大,一个小女孩捏的甚至像一棵苗壮的小树。哲哲的却很袖珍,娇小而可爱。

回家的路上,哲哲问我:"爸爸,你知道我为什么做得这么小吗?""为什么?""因为材料有限,我要是捏得太大,别的小朋友就没有捏的了。"

哲哲总是考虑别人,我在表扬之余,也深深向这颗伟大的童心致敬。

我不想把它当宠物

下了英语课,带哲哲去紫竹院公园。公园门口,有人在卖蝈蝈。

哲哲没见过蝈蝈,想知道是什么东西在叫,跑过去看。不一会儿,屁颠颠地跑回来:"爸爸,真的是那个虫子在叫哎。你知道吗,一个虫子才 5 块钱,咱们买一个吧。""你现在只想着吃和玩,买完了你能照顾好它吗?""哎呀,我不想把它当宠物,我买一个,是想把它放回大自然。"尽管觉得 5 元钱买个小甜筒更实在,但还是让他买了蝈蝈。

看着他把蝈蝈放到公园里的草丛，跟它说再见，我感觉很欣慰，因为一念之间成全了一颗善良的童心。

救了一条蚯蚓

如果说放掉蝈蝈显示了哲哲的爱心，救蚯蚓一事也让我看到童心的伟大一面。

那是八月的一天夜里，下了一场大雨。第二天雨过天晴，北京的天空蓝蓝的。上学的路上，刚带哲哲骑上自行车，看见路边有一条扭来扭去的蚯蚓，让小家伙看。蹲在地上一分钟后，哲哲说："爸爸，咱们把它放回花坛吧，要不它会死的！""好啊！""可是，我有点害怕。""一条蚯蚓你都害怕，太不像男子汉了。"30秒积攒勇气，他用指尖拿起蚯蚓，猛地甩进了花坛里。骑出没多远，又叫我停下。问他原因，原来他担心蚯蚓挂在花草上，阳光暴晒之后会死掉的。于是，他飞奔着跑回花坛里，找到那只蚯蚓，挖了一个小坑，将之埋在土层里，然后张着满是泥土的小手向我跑来。

下午放学到家，哲哲告诉姥姥："今天早晨我救了一只蚯蚓呢！"那语气、那神情好像拯救了全世界，成为钢铁侠一样的英雄。

想起自己小时候看见一个几近干涸的池塘，浅浅的水洼里尽是变干的大片大片乌黑的青蛙卵，壮着胆子打开连通池塘与大河的闸门，见水流涌进池塘，那叫一个激动。第二天再去那里，只听蛙声一片，顿觉做了一件大好事。

小时候，在童心埋下一颗善的种子，长大后就会收获爱的力量。

我也去看你

幼儿园离园前，我带着哲哲去车公庄附近的小商品批发市场，给他买期待已久的礼物。

路过一个小区，看见一只死麻雀直挺挺地躺在马路上。我看了一眼，没在意，继续骑车前行。哲哲连忙喊停。问他为什么要停。他吐出一句："你看，小麻雀死在路上，要是它的家人看见了，该多伤心啊！要不，我们把它埋了吧。"于是，招呼我在二环边的绿化带，挖个坑把它埋了，他还特意插了一根笔直的木棍，以作祭奠。

几天后，我俩又骑车飞驰而过那个小区，哲哲再次喊停。"你又怎么了？""爸爸，我们去看看那只死去的麻雀吧。"我说："一只死麻雀有什么看头，都埋好了，让它在地下休息吧。"哲哲幽怨地说："爸爸，还是去看看吧，你死了我也去看你——"那一刻，我不知道是该哭还是该笑。

再见了枯叶螳螂

结束了幼儿园生活，哲哲就去姥姥家了。

隔几天给他打电话，哲哲给我讲了一件好玩的事："爸爸，你知道吗，在姥姥家，一天我在路上看到了一只枯叶螳螂，就抓住它玩了一会儿。玩过之后，我放在路边了。第二天，我经过那儿的时候，你猜怎么着，那只螳螂还在那儿，我就又玩了一会儿。第三天，你猜怎么着，我又看见了它，你说它是不是没有伙伴，喜欢跟我玩，所以在那等我呢？"

"不是吧，肯定是它被你玩得筋疲力尽，没力气飞走。""不会的，我放下它的时候，它还活蹦乱跳的呢！我猜啊，是农村的螳螂胆子大，不像城里的螳螂那么怕人。""那第四天呢，你又看到它了？""没有，第四天我就去大姨家了。走之前，我把它从路边挪到了田野深处，我怕被淘气的小朋友逮住，把它玩死了。我还跟它说了一声再见。"接着，小家伙自言自语："也不知道明年去姥姥家的时候，能不能再见到它，但我想不能了。"

"为什么？是你怕认不出它，还是它认不出你呢？""不是的，爸爸，你知道吗，螳螂的寿命只有一年的，过不了冬天的。"哲哲说这话的时候，我想起《我的早更女友》里，周迅和佟大为把陆龟放生到大海，屡败屡战，被渔民嘲笑的桥段。

那是一条生命啊

小学开学前，哲哲想养虎皮鹦鹉。

耐不住他的央求，就答应了。一个周末，哲哲和哲哲妈在花鸟市场买了一对，分明取名小英、小武。

两只小鸟，栖息于阳台的花丛间，倒也自得其乐。有时候，哲哲会将它俩放出来飞一会儿，算是娱乐时间。看小英停在小家伙的肩上，突然感觉生命之间似乎真的有种心灵感应，彼此是相通的。

不幸的是，一天小武食欲不振。哲哲微信上请教卖家，采取措施，效果不大。后来，他带小武去了宠物医院，买了近300元的药。我认为，一只鹦鹉才几十元，花这么多钱治病有点不值，被哲哲呵斥："爸爸，你这样想就不对，不管怎么说，小武也是一条生命，还是我们的家人啊！为家人花钱治病，多少钱都应该啊。"我颇有点无地自容。

小武还是没能救过来。埋葬了小武后，哲哲对小英愈发关心，可能是在弥补失去的遗憾。

可能是表达欢快的心情

因为还是八月，天亮得很早。

还在睡梦中，我就听见小英喳喳喳地叫。不到五点半就开始，我和哲哲妈都有点受不了。一天，我在外出差，哲哲妈说她忍了许久，实在受不了，悄悄把小英拎进卫生间，一夜安稳。

上学的路上，哲哲妈悠悠地跟儿子说："早上小英被放进卫生间了，一直没叫！"小家伙回答："妈妈，小英是早上看到晨曦才叫的，鸟类都有这个特点，科学家也没有弄明白鸣叫的原因。我想，可能是它们在表达欢快的心情吧！"虽然没有指责的意思，哲哲还是加了一句："妈妈早上看到的晨曦，可能是小英最欢乐的时光。它鸣叫，是在庆贺一天的开始吧……"哲哲妈告诉我，当时她有点不好意思，既不懂鸟语，也不了解鸟的习性，所以做出了违背鸟类习性的事情。

第二天，哲哲妈没有再将小英放进卫生间，任它在晨曦里快乐地喳喳喳。

试着养些小动物

晚上应出版社要求，写怎么给孩子讲动物小说的文章。

问哲哲的建议，那时的小家伙读了不少书了。他告诉我，也没什么捷径，就是多读，慢慢地就会成为一个小专家。过了一会儿，他补充道，"其实，试着养些小动物，诸如小鱼、小虫，对于读动物小说有帮助。""你的意思是希望别的孩子也像你一样养养蜥蜴吗？""不是，你知道吗，蜥蜴不太适合新手，得有很多了解才行。金鱼、蟋蟀啊，小孩倒是可以养。蝎子和大田鳖有点凶猛，不适合女孩，适合男孩养……""那自己不养，到动物园观察不行吗？"哲哲反驳："那样不太好，你没发现动物园的动物都特别老实吗，看完了根本没有感受。"没想到，他说得还有点道理。

小电池会想我们的

开学了，每天骑电动车带哲哲上学放学，边骑边聊，很开心。

一天放学路上。聊着聊着发现电动车没电了，原来昨晚忘充了。一气之下，把车锁在路边的栏杆上，准备打车回家。看我拿包就要走，哲哲问我："爸爸，电池你不拿下来啊？""不拿了，这车都破成这样了，没人偷。再说，丢了就买一辆新的。""别了，爸爸，还是把电池拿回家吧！""电池很沉的，拿着多费劲啊！""没事，爸爸，我来拿。这个小电池跟了我们这么多年，我太喜欢它了，不能扔下它不管。万一被小偷偷走了，小电池会想我们的。"哲哲的话让我心头一热，果断拔出电池，带回家。还是童心最有爱。

在孩子的心里，每件陪伴过他的东西都是他生命的一部分，都是温暖的而非冷冰冰的有感情的存在。既然孩子在乎，我们也要在乎。

就一块面包，没关系的

接哲哲的时候，小家伙嚷嚷肚子饿，可能是小家伙还不太适应学校的营养餐。

我问他："宝贝儿，早晨不是带了很多吃的，怎么还饿？""楚楚同学说她饿，我就把面包给她了。其他同学也要，我不好拒绝。""那你饿了，他们不给你点吃的？""给过，不过很少。""那你下次还和他们分享？""就一块面包，没关系。"过了一会儿，他又说："爸爸，咱们回家吧，我不饿了。"

在《家庭教育的头等大事是人品教育》一文中，俞敏洪说，好人品是成功的前提，"从孩子一辈子的角度来说，你孩子的分数是好是坏，进北大还是普通大学，没有任何的本质区别。真正能把孩子一辈子距离拉大的，是与他为人处世有关系的人品问题"。看来以后有必要接他时多给他带些吃的。

那些小鸟怎么办

2011 年冬天，雾霾多日不散，让人很担忧。

早晨，天地之间灰蒙蒙一片，带哲哲上学，我俩都戴着口罩，叹息这样的天气不知道什么时候结束。哲哲在后面唠叨："爸爸，你说咱们可以戴口罩，但小动物呢？它们没有口罩戴，会不会咳嗽生病啊……"

哲哲有一颗有爱的心，我一直都知道，但这个问题我无法回答，小动物肯定会受雾霾伤害，但具体的伤害程度、结果如何，也许等到若干年后才能看出来。

不经意间被感动

因为你是我爸爸

上幼儿园那会儿，哲哲几乎每天都到附近公园里骑他的小车。

有一次，骑到高兴处，他让我在后面推他，说想体验一下风驰电掣的感觉。怕他摔倒，我特意叮嘱他扶住车把。没想到我一用力，他小手一晃，摔倒了。发现他的下巴磕破了，还说牙齿有点儿松动。刚长出的恒牙摔掉了可不得了。哲哲一听说恒牙掉了就再也长不出来，哭得很大声："哎呀，我的新牙，再也没有了，怎么办啊！"

因为时间太晚，不好带他去医院。那一晚，我很自责。第二天一早，带他去医院。牙医摸了摸受伤的牙齿，说没松动，没大事，注意别吃硬的东西就行了，过三天后复查一下。

出了医院，我问哲哲："如果牙齿真的掉了，你会原谅爸爸吗？"回答："会。""为什么啊？""因为，因为你是我爸爸。"这句话让我的眼泪夺眶而出，在人来人往的大街上。

我是不想让你们太担心

几天后，带哲哲去医院复查牙齿情况。

医生是个实习生，手法还不太熟练，每做一步都要咨询主治医师。原本几分钟的事，哲哲张着嘴，被折腾半小时。但与旁边号啕大叫的小朋友相比，哲哲一直很安静，没哭也没抱怨。结束后，还跟牙医阿姨聊了聊他喜欢的奥拉星游戏。

回学校的路上,问他为什么没有哭。告诉我:"我哭也没用啊,还会影响阿姨看病,再说我是不想让你太担心。""那这次复查看牙你有什么收获吗?""以后要关心牙齿,更关心你。"哲哲脱口而出某口香糖的广告。

嬉笑之余,不禁感慨,孩子都有心疼父母的一面,而长大,就在病愈的一瞬间。

因为你是我的勇气

想起一件好玩的事,摔伤后不久,一个空气很好的晚上,我带他去公园跑步,路上要经过一条小巷。

那天没有月亮,小巷里黑黢黢的。我和哲哲开玩笑,故意躲起来。发现我不见了,他有点急,大声喊"爸爸",见没有答应,就喊我的名字"张——贵——勇——",依然没见答应就开始往前跑,略带哭腔。这时,我从角落里跳出来,本以为会得到惊喜,没想到挨了一套标准的天马流星拳。

见哲哲情绪好转,问他:"你一个人害怕了?""嗯。""有我在,你怕不怕?""不怕,有你在我就不害怕。""为什么?""因为,因为你是我的勇气。"那一刻,突然发现自己刚才的行为很无趣。

爸爸我喜欢你

上了小学后,坐在后架上的哲哲,喜欢抹平我的背心,在上面写字。

一天早晨,他在我的背上写了一个"张",又写了一个"花",被我猜出来了,同时纠正了他的笔顺不对,撇被写成了提,捺的用力明显不对。由于小家伙总是犯这类错误,属于屡教不改型,被我批评了一路。快到学校时,哲哲说:"这回我写了5个字,你猜啊。"反复琢磨他下笔的顺序,却怎么也猜不出来。"我写的是'爸爸,我喜欢你',这你都没猜出来,真笨!"说完,就跳下车,乐颠颠地消失在教学楼的长廊里。这明明是6个字,是题出得有问题啊。

孩子表达爱的方式有很多种,但不管哪一种,都可能让父母们不经意间流下泪来。

你把我教育得挺好的

晚饭后，哲哲和全家人一起看正在热播的电视剧《虎妈猫爸》。

过了一会儿，小家伙跑到我跟前，说："爸爸，我觉得你把我教育得挺好的。"我停下来，听他解释："爸爸，在《虎妈猫爸》里，一次家长会上，那个虎妈对老师大声训斥，说'你对我的孩子太松了，应该对她严一点，否则她将来就成了羊，一进入社会就被那些恶狼吃掉'。你呢，不像虎妈那么逼我，对我很宽松，所以我觉得你教育我挺好的。"

逗他玩："那你不怕自己以后成为羊，被一口吃掉？""不怕，我现在也很厉害的，音乐、游泳、画画什么的都很好，将来能找到工作。"看他如此自信，我倒不安起来："爸爸其实也有做得不对的地方，像以前跟你发过火，我会改掉缺点，我们一起努力成为大象吧，不吃人也不被人吃，好吧？"哲哲眼圈一红，跑开了。

这个世界从来没有完美的人，也没有最美的教育，但这不妨碍教育朝着完美的方向努力，不妨碍我们努力做个完美父母。

不是为了麦旋风

和哲哲上学的路上，一次他一不小心摔了一跤，肉乎乎的小胳膊划了一片红印，小脸也蹭了一下。本以为他会哭鼻子，没想到他淡淡一笑，若无其事。

到校后，问他要不要去医院，他一边说着"没关系"，一边奔向教学楼。看他厚实的背影，后悔当时没有抱一抱安慰他。记得自己小时候也骑车摔过，甚至摔破裤子，但老妈不关心伤情，却问自行车摔坏没有，搞得我怀疑自己是否她亲生的。

放学时，给哲哲买了一个麦旋风，表扬他的勇敢。临睡前，突然想起有东西在车筐里，看哲哲穿戴还整齐，央求他跑一趟。他不是特情愿，我逗他玩："宝贝帮个忙，要不白给你买麦旋风了。"

写完作业，下楼前，小家伙回头告诉我："爸爸，我帮你取东西，不是因为你给我买了麦旋风，而是因为你爱我，我是看在你爱我的分上才去的。"

荣幸就是很荣幸的意思

看哲哲胃口好，后来去接他时，有时候我会在接他的路上顺便买个肉松面包给他。见他吃得津津有味，让他给我留一点。哲哲答应得很好，一边吃一边和我闲聊，聊得兴奋，一不小心面包连个分子都没剩。

装作要哭的样子，埋怨哲哲一点儿都不想着我，说："如果爸爸出差，回来什么都不买，你不伤心吗？""不会啊，你回来我就高兴。""为什么啊？""因为啊，你是我的荣幸！""荣幸是什么意思？""荣幸就是……"他想了半天也没想出合适的词，最后急了，"哎呀，荣幸就是很荣幸的意思。"我们都努力成为孩子的荣幸吧！

跟你在一起真快乐啊

和哲哲去附近公园玩，他拿着蛇板。

我俩边玩边天南地北地闲聊，从最近读的伯罗奔尼撒之战、亚历山大的图书馆到古代兵器的演变，再到他喜欢的海贼王，聊得非常尽兴。

末了，哲哲对我说："爸爸，跟你在一起，真快乐啊。""为什么这么说？""因为你很少批评我，总是鼓励我，还喜欢我喜欢的东西。还有，跟你聊天，能学到很多东西，我跟同学说，他们都不知道希波战争，更不知道这个世界上有冰制的航空母舰呢……"

我也觉得和哲哲在一起很快乐，他阳光、搞笑、善良的一面都很打动我，让我知道怎样去做一个合格的爸爸，给他相对不那么逼仄的教育。更重要的是，我一直觉得，跟他一路阅读、运动、吃吃喝喝的时光，也是我一生中最美的时光。

只用一点就好了

接送哲哲还有一件让我很感动的回忆，那时他刚上小学，接他放学时，天空阴云密布，临走前我只带了一把伞。

没想到回来的半路，下起大雨。我怕哲哲淋湿了，对坐在后座的他说："宝贝，伞你打着，保护好自己，我不怕雨的。"但哲哲坚持给我撑伞，还解释说："爸爸，我也不怕雨，我身体小，只用一点就好了。"

那场阵雨比较大，来得急去得也快。快到家的时候，竟然看见了天边的彩虹。突然想起英国湖畔派诗人华兹华斯的一首诗《每当我看到天上的彩虹》：

每当我看到天上的彩虹，

我的心就会跳动飞升，

在我刚出生时它是这样，

现在我长大成人它还是这样，

就是到我变老死去时——

它将还是这样！

儿童是成人的父亲，

我多么希望，在将来的每天每日，

都能保持对自然的虔敬与童真。

总有一首诗，让人泪流满面。感谢华兹华斯，写出了我此刻想说的话。

记得多吃胡萝卜

在农村的老爸有糖尿病，视力每况愈下，近期有加剧的趋势。于是，在骑车快到家的路上，我让哲哲打电话关心一下爷爷的眼睛。

只见他接过手机，在他喜爱的晚霞路上，对着手机大喊："爷爷，你的眼睛好点没？记得及时去医院看看啊！要记住，别去小医院，去大医院啊！还有，记得多吃胡萝卜，我们老师说了，胡萝卜对眼睛有好处的……"哲哲的声音很洪亮，我被那穿透力极强的稚嫩童音深深感动。如果老天听到了，想必也会被感动吧。

我爱自己的家

无意中看到哲哲的一道家庭作业题。题目是"大家心中都有一个秘密，你心中的秘密是_____"横线上，填着哲哲歪歪扭扭却透着可爱的字——"我爱自己的家"。这几个字让我很感动。

如果我们多陪伴孩子，多倾听他们的心声，孩子就会在心里种下一个小秘密，一个让你几乎泪流满面的小秘密。

谢谢你每天给我讲故事

哲哲二年级的暑假，岳母带哲哲回老家。走的前一天，哲哲给我写了一封信。搞笑的是，写完后，他忘记把信放哪了。所以，临行的那个上午，他一直在找自己的亲笔信。还好找到了，他郑重其事地将信交到我手里，并要求现场阅读。

内容如下："爸爸，谢谢你每天给我读故事，每天陪我玩，你是好爸爸。"落款是"哲哲爱爸爸"。突然觉得，哲哲不再是以前那个只需要喂奶的孩子，而是一个有思想的小伙伴。哪怕我俩安静地坐在一起，也能让我看到许多不曾注意的东西，让我心生"活着真好"的感动。

蔡朝晖在《爸爸爱喜禾》一书中说："你父亲每天在微博上拿你开玩笑，不是讨厌你，是太爱你了。你举手投足都是可爱，你父亲胡言乱语也都是爱，希望你明白。"如小蔡般胡言乱语，我希望哲哲明白——"爸爸爱哲哲"。

我不想过生日

待了 10 多天，哲哲回来了，回来的原因是他要在家里过生日了。

生日前几天，他低低地对我说："爸爸，我不想过生日了。""为什么？你不是一直期待你的生日蛋糕吗？""爸爸，你说，过完生日，我是不是就长大了一岁。""嗯，长大了多好啊，可以做更多的事情！""好是好，可你是不是就老了一岁？""嗯，你长大了，爸爸就老了，这是自然规律啊！"

过了好一会儿，他又说："爸爸，我不过生日，是不希望你和妈妈变老。"那一刻，我的心着实被电击了一下。

我能想到最浪漫的事，就是能和你一起慢慢变老……这首歌虽然是写给恋人的，却是此刻我最想对哲哲说的话。

我是舍不得离开你

生日后没几天，学校组织管乐团成员期末考核，结果哲哲没有进 A 团。

不知道是因为紧张，忘记乐谱，还是小号的按键不好使，问哲哲失败的原因，他自怨自艾地表示，自己本来就学不好。

找了一个合适的机会，给他讲了学小号的好处："你看，你现在爱读书，画画、游泳都那么棒，再会吹小号的话，你会比爸爸强十倍。如果你坚持下来，我都会佩服你的。"也许是被说动了，他答应以后继续学。

后来，找到乐团老师问具体情况。没想到，老师很爽朗地答应招哲哲，她知道他很认真，就是当天没发挥好。听到进入 A 团的消息，小家伙很高兴，答应每天练习半小时。在一次"记一件 ＿＿＿＿ 的事"命题作文中，他专门写了进 A 团的经历，题目就叫"记一件令人惊喜的事"。

"爸爸，你知道吗？一开始没进 A 团，我觉得也没什么。"一天上学的路上，哲哲告诉我。"我知道进入 A 团训练特别累，但男子汉不应该怕累啊！""我不怕累，我是不想出国，A 团要出国演出的。""啊，出国是多好的机会啊，开阔视野，增长见识啊！""不是，出国要好几天呢，我是舍不得离开你。"

我的眼泪唰的一下流了下来。

爸爸在我的心里永远不会老

开学就是三年级了。一天，一位编辑朋友向哲哲约一篇观后感，就是看完微电影《不老的爸爸》写一篇感受。

当时我在外出差，哲哲妈带他看的，因为稿子要得比较急，哲哲急就章，然后发给了编辑朋友。后来，我抽空找来这部片子看了，感觉不适合9岁的孩子，青春期的叛逆与痛楚哲哲显然还理解不了。不过，看到哲哲的作文，很惊喜。哲哲是这样写的：

> 电影里面的爸爸爱自己的儿子，教他生活的道理，我觉得这个爸爸很伟大。就像那次骑自行车，爸爸扶了儿子一会儿后，就放开了手。儿子骑了没多远，摔了一跤，可爸爸没有上去扶起儿子，而是告诉他："在哪里摔倒，就在哪里爬起来，这样才是真正的男子汉！"
>
> 电影里，儿子没说多爱爸爸，但我知道，那个儿子很爱他的爸爸，就像我很爱我的爸爸那样。爸爸的爱像太阳一样洒满我的童年，我的童年没有雾霾，每天都阳光灿烂。虽然爸爸总有一天会老去，但他在我的心里永远不会老。

哲哲妈说，看电影时，哲哲很感动。对于我，则是看作文时，感动得不行。

给你一个抱抱吧

哲哲满十岁那天，哲哲妈张罗着给哲哲开了一个生日派对，前一天买了很多食材。生日那天，她特意请了半天假，给小家伙和他的小伙伴做了蛋挞、烤鸡翅、油焖大虾等好吃的，还买了一个大蛋糕。

整整一天，哲哲和他的同学一边吃一边玩，情绪高涨。我又是取蛋糕，又是接送小朋友，忙得也没顾上吃饭。下午四点多，派对结束，把哲哲留在家，出去打了一场痛快的篮球。

回到家，让哲哲给我一块好吃的生日蛋糕。小家伙一耸肩，告诉我，都吃完了。"宝贝儿，你就没给你爸妈留一点儿？我俩都为你的生日付出了这么多，这样做不太好吧！""爸爸，是我不对，我给你个抱抱吧！"然后，张开双臂，像玛乔里·弗莱克在《问问熊先生》里所描述的，把我紧紧地抱住了。这个抱抱，暖暖的，久久的，感觉比蛋糕还美味。

家有小老师

张老师说要有集体感

哲哲从小就很认真负责，有事为证：他一年级下学期时，一次我去接他，但等到别的小朋友陆续被接走了，还不见哲哲出来。过了很久，他一脸疲态地走出来。问他为什么这么晚，他告诉我今天他们组值日。

"为什么是你最后一个出来呢？""哎，他们都不好好干，清清同学什么也没做就跑了，诚诚同学和伊伊同学打来打去。莹莹同学擦黑板倒是挺认真，但弄得到处是水，我扫完了地，又帮她收拾。""你这么负责，是小组长吗？""不是。""那你为什么这么做？""他们都不干，我也不干，那教室怎么学习呢？再说我多做一点没关系，张老师说要有集体感！"本想纠正"那叫集体荣誉感"，话到嘴边又被咽了回去，随即摸摸他的头，给了他一个大大的表扬。

我们学校也不错

那件事后没几天，我去史家小学采访，很有感触。回来后告诉哲哲："你知道吗？史家小学一年级的学生写字都很工整、漂亮，你要向他们学习。还有，他们用PAD上课，很高科技。"哲哲一听，顿生向往之情。我不得不告诉他，这所学校很难进，离家也太远，不方便，太折腾。

隔天，哲哲所在学校发起了"神九上天我寄语"的活动。他在上面写上自己的愿望："我长大了想当飞行员，我祝愿——神九顺利返回地球。"然后很自得地告诉我："你说的什么史家学校虽然很好，我们学校也不错，因为我的卡片能被带上太空，他们比不上呢。"

看到自己的长处，珍爱自己的拥有，哲哲给我上了一课。

没有认真听讲扣一分

晚上，哲哲饶有兴致地把我和哲哲妈叫过来，教我们折纸。

哲哲老师很认真，每个步骤都是反复教，还画了一张步骤图，贴在墙上。仔细研究了他画的图，看明白了其中奥妙，我三下五除二，折出了小塔。

等哲哲妈也做完的时候，哲哲开始给我们打分："嗯，你们完成得都很好。妈妈，我给你打 100 分，给爸爸打 99 分。"我一听急了，质问他："我折得又快又好，为什么没有妈妈的分数多？"小家伙娓娓道来："因为啊，你动作太快了，虽然你最后折出来了，但没有认真听老师把话说完，没有认真听讲，所以扣一分。"

听老师把话说完，听对方说的每句话，细想之下蛮有道理。另外，多给孩子当老师的机会，他长大后没准儿就能指挥千军万马。

科学老师更有耐心

第二天，接哲哲的时候，他语气谆谆地对我说："爸爸，你真应该多向我们的科学老师学习。""为什么啊？""科学老师今天表扬我了，说我的画立体生动，画得特别好。""就这？这不至于让我向他学习吧？""不是，后来科学老师说了，小孩子比较慢，要耐心等他们做完，做多了，熟练了，就能变快了。你有时候嫌我慢，总是催我，把我搞得很紧张，这一点你不如科学老师呢！所以啊，你要向科学老师学习。"不得不承认，哲哲说得很有道理。

回家的路上，总结经验如下：其一，教育是慢的艺术，要慢养而不是急于求成，这才算是合格的教育。其二，孩子是成人的老师，我们并非完美无缺，其实经常犯错，多听听孩子怎么说，对我们有好处。其三，好老师要多表扬学生，表扬之下必出人才。

新来的老师太幼稚

升上三年级，哲哲继续当他的信息技术课代表。这个小代表当了两年，依然当得蛮像回事。每到星期二，他都非常兴奋。

接他放学，问新学期第一节信技课上得如何。回答说，新来的老师太幼稚了。追问他怎么幼稚。告诉我，老师净是"你看啊""怎么样""好不好""记住了吗"之类的话，其实我们都不是幼儿园的小小孩，都已经会了。"那你希望老师怎么教啊？""我希望啊，老师干脆、直接一点，把问题说清楚就行。""老师那么说，估计是怕你们听不懂吧。""我们都三年级了，啥不知道？"说完，还撇撇嘴，很失望的样子。

对教师教学很有评价权的还是学生。而作为教师，了解学情是第一步。哲哲反映的问题让我感觉当好小学教师并不容易，既要赶教学进度又要让学生明白，讲话既不能太通俗又不能太深奥，教学的方法与尺度都要把握好，总而言之，赢得孩子的爱戴不容易。

她喜欢告诉我们答案

到家后，他很兴奋地告诉我，说："爸爸，今天（2）班李老师给我们上课了。""那你喜欢她讲课吗？""还行吧，就是啊，她跟我们张老师讲的不一样，她喜欢告诉我们答案。""那你说告诉答案好还是不好呢？""我觉得啊，既有好也有坏。""那你具体说说。"

哲哲不假思索："好处是，有了答案，我就知道自己对不对了。不好是我们没有时间好好想，我觉得多想想，才能当成科学家的。"谁说小朋友不懂得教育？哲哲的话让我很吃惊，每个孩子都有评价教育的能力，都是小小教育家。

这个老师不是好老师

聊完天，我看书，他画画。

画画纸用完了，哲哲抽出一张《小学学习质量影响因素调查问卷》（教师问卷）的背面画起来。这问卷是不久前采访时带回来的，用过了扔掉可惜，就留给他做画纸。

没多久，小家伙凑过来："爸爸，我觉得啊，这个老师不是好老师。""为什么这么说？""你看，这道题的题目，您评价学生主要从哪些方面，请按所占比例多少排序，最重要的排在最前面。"哲哲展开试卷，只见 A 是道德品质，B 是学习成绩，C 是实践能力，D 是交往能力，E 是个人特长，F 是学习能力。

这位未署名的老师给出的答案是（B C D E）。而哲哲的答案正好相反，是（E D C B）。也就是说，个人特长和交往能力更重要，实践能力也胜于学习成绩。老师的答案反映了当下学校教育更重视应试的现实，而哲哲则倾向于所谓的素质教育。

还是孩子的眼睛雪亮。

被孩子教诲

你还生气吗

二年级开学没多久，北京的天气一下冷了起来。

早晨，岳母怕哲哲冷，给他多穿了一件衣服。其实，路上也没有那么冷，白天穿个短袖足够了。送他到校后，叮嘱他热了就脱下来。没想到，接他时，还是早晨的装束，小脸满是汗迹，脖子上条条黑道道。一下子冒火，这孩子连冷热换衣这类生活常识都不知道，一路没理他。

晚上，哲哲来到我的房间，问："你还生气吗，还给我讲故事吗？""如果下次你改了，我就不生气了，给你讲故事。""爸爸，其实没那么严重，我不脱衣服是因为，脱来穿去比较麻烦，还有，我怕衣服丢了。"原来是这样。搂住小家伙，给他继续讲《野兽帮》。讲完了，他也响起了细细的鼾声。半夜睡不着，反省自己，该主动沟通，了解孩子的想法，给孩子一个申辩的机会，因为成人过于强势，往往会伤了童心。

他爸爸妈妈不理解他

一天放学，接哲哲时，小家伙对我说："爸爸，我发现阳阳同学不喜欢他妈妈，是有道理的。""为什么？""因为，今天你没来的时候，阳阳妈妈跟我聊天，问我喜欢什么，我说喜欢昆虫。我问她阳阳喜欢什么。你猜，阳阳妈妈怎么回答的？"

我给出几个答案，哲哲都说不对："爸爸，阳阳妈妈说阳阳三岁时喜欢小汽车。

我就觉得，她跟阳阳交流得有点少，太不了解孩子了。对了，阳阳同学说他妈妈不让他看课外书了，一有空就让他学英语。哎，连自己孩子喜欢什么都不知道，总让孩子做不喜欢做的事，怪不得阳阳说他妈妈不理解他。"

"那你觉得我了解你吗？""当然。"从哲哲肯定的口气里，我知道自己做得还算不错。但我真的知道哲哲的一切吗？也未必。感慨如果孩子到了青春期如果彼此依然有吸引力，真的不容易，还是多倾听孩子的心声吧。

你呀，是一朵玫瑰花

看哲哲对父母的教育方式有所思，我打开手机微信，给他读了一个小朋友的作文，个人以为这篇作文写得挺生动——"如果把妈妈比作一朵花，那么我的妈妈会是一朵什么花呢？我问爸爸。爸爸想了想说：'你妈呀，就像一朵牵牛花，想知道为什么吗？一是因为牵牛花的另一个名字叫喇叭花，你妈妈的嗓门儿就像喇叭一样大。二是因为你爸爸我是属牛的，你妈妈整天指挥着我，就像牵着牛一样，是不是一朵牵牛花呢？'……"

然后问哲哲："在你眼里，姥姥是什么花？""也是喇叭花。""为什么呢？""因为她总是不停地说我要这样要那样。""那爸爸是什么花？""你呀，是一朵玫瑰花！""哇，我有那么漂亮吗？"我略作谦虚。没想到他接下来说："说你是玫瑰花，不是因为你长得漂亮，而是因为你有刺。""我什么时候有刺了？""你发脾气的时候呗。你一生气，就浑身带刺。"

"哦，那你说妈妈是什么花？""妈妈呀，她是食人花。""为什么这么说？""因为她发起脾气来比你还可怕。"跟哲哲逗趣的结果是发现自己的不少毛病，赶紧跟哲哲妈沟通，要她努力改变河东狮吼的形象，而我也得注意去掉身上的刺，争取变成一朵温柔的雏菊。

父母心理学

哲哲让我惊喜的地方不止于此。一次，见他吹小号时间短，我以鄙夷的眼神瞪之。

虽没说话，但哲哲明白了我的意思，凑上来正色道："爸爸，我知道你是怎么想的。你觉得我练习时间短，对吧？告诉你吧，我早晨都练了半小时了，我现在吹，就是觉得早晨有个地方没弄明白而已……"被看穿心思，我有点不好意思。

"爸爸，我想写一本书，就叫《父母心理学》。"小家伙接着道，"就是告诉更多的小孩，他们的爸爸妈妈们都是怎么想的，小孩应该怎么对付父母，也叫爸爸妈妈们都知道，小孩不是什么都不知道，没那么好欺负。"说完，还哈哈一笑，好像真写了一本畅销书一样。

都说知子莫若父，其实知父也莫若子。我们在研究孩子，孩子也在研究我们，而且研究得更为透彻，从一举一动中能看出我们的好恶与情绪。看来我们不仅要给孩子做好榜样，还要仔细研究研究这个父母心理学，别被孩子看扁了。

多让姥姥看看电影

睡觉前，哲哲照例让我享受一会儿他的空调房，跟他多聊一会儿。

"爸爸，我觉得啊，你应该多关心关心姥姥。"哲哲以一副谆谆教导的姿态，趴在被窝里告诉我，"姥姥呢，就是不爱开口，其实也喜欢看娱乐节目的。你应该多让姥姥看看电影，你看她来北京这么多年，就看过一次电影，就是那个《疯狂动物城》，还是你忙没去成的剩票。""宝贝，其实我也希望姥姥看看电影，就是适合老人看的电影太少了。不过，你说得很对，我下次注意。""不用下次，后天就上演《爱宠大机密》了……"小家伙欲言又止。我一下子明白了他的意思，"好好，我后天买票让你和姥姥去看，中文版的，对吧？""对啦，老爸你真聪明。"

家里的暖男不仅温暖着我和哲哲妈，还温暖着姥姥，看来姥姥没白疼他。从暖男温暖的劝慰中，感觉还得多替老人想一想，丰富一下他们的精神生活。

对孩子吹哨不好

读完故事开始卧谈会，这是最近哲哲要求的新曲目。

关灯后，黑黑的房间里传来小家伙的声音："爸爸，你说用吹哨子的方式指挥小孩好不好？""我觉得不好吧，小孩又不是小狗。""爸爸，我觉得也是，再说小孩都有名字，吹哨是对小孩的不尊重。"

我又问他："你在哪里看到吹哨指挥小孩的，是学校老师吗？""不是，是《音乐之声》的电影，那个爸爸这样指挥他的小孩。""哦，这样啊，那你喜欢里面的女家庭教师吗？""喜欢，非常喜欢。""那你喜欢她什么呢？""我喜欢她对待孩子的方法，还喜欢她唱的歌，怎么唱来着，哆，一直啊爹——"说着，不由自主地哼唱起来，尽管有些跑调。

"哎呀，那不是一直啊爹，是'is a deer，a female deer——'"不过，哲哲看待教育的观点让我很有感触。好的教师真的应该是家庭教师玛利亚那样，也许没有动听的歌喉，但一定要有一颗爱孩子的心。

教育孩子的方式不一样

聊着聊着，哲哲表扬我："爸爸，你的知识真多啊，我都佩服你。"过了一会儿，继续道："爸爸，我发现啊，老人和年轻人教育孩子的方式不一样呢！""老人和年轻人？""哎呀，就是指姥姥和你！""哦，那怎么不一样？""老人教育孩子比较急，就像小孩不吃饭，老人就说他、催他，使用各种办法。至于你呢，比如我不吃饭，你就会说，你要是不吃饭，我就不带你干什么干什么。""那你觉得哪种有效呢？""还是爸爸这种有效吧。"

或高调或低调，或严厉或轻视，或直接或间接，各种教育理念的优缺，在孩子的心里都一清二楚。耳濡目染之下，孩子也成了半个教育家。

爱是什么，爱是陪伴

哲哲的想法让我很触动。突然想起小学一年级时和哲哲的一次对话，也同样让我久久难忘。

那是一天早晨，我带哲哲上学时，在楼下看到一只小狗。哲哲告诉我，那是楼下毛毛养的狗。于是，上学路上聊起养狗的事。"爸爸，你知道吗，毛毛晚上和小狗一起睡。""啊，这样不好吧！不卫生吧！""毛毛说她每天都给小狗洗澡的。""即使那样，我也觉得还是让小狗自己睡好。""嗯，我觉得也是。"

"宝贝，要是你养狗，你会怎么养？""我啊，我会把小狗放到大自然里，让它自由自在的,这才是真的爱小狗。""嗯,有道理,那你说爱一个人呢?""爱一个人啊，就应该把他放在身边。"

从学校返回的路上，脑海中满是一句话——爱是什么？爱是陪伴。